Erotismo
e religiosidade

FUNDAÇÃO EDITORA DA UNESP

Presidente do Conselho Curador
Mário Sérgio Vasconcelos

Diretor-Presidente
José Castilho Marques Neto

Editor-Executivo
Jézio Hernani Bomfim Gutierre

Assessor Editorial
João Luís Ceccantini

Conselho Editorial Acadêmico
Alberto Tsuyoshi Ikeda
Áureo Busetto
Célia Aparecida Ferreira Tolentino
Eda Maria Góes
Elisabete Maniglia
Elisabeth Criscuolo Urbinati
Ildeberto Muniz de Almeida
Maria de Lourdes Ortiz Gandini Baldan
Nilson Ghirardello
Vicente Pleitez

Editores-Assistentes
Anderson Nobara
Jorge Pereira Filho
Leandro Rodrigues

CARLOS EDUARDO MENDES
DE MORAES (Org.)

Erotismo e religiosidade

Romances de Antônio da Fonseca Soares sobre mulheres

© 2013 Editora UNESP

Direitos de publicação reservados à:
Fundação Editora da UNESP (FEU)

Praça da Sé, 108
01001-900 – São Paulo – SP
Tel.: (0xx11) 3242-7171
Fax: (0xx11) 3242-7172
www.editoraunesp.com.br
www.livraria.unesp.com.br
feu@editora.unesp.br

CIP – BRASIL. Catalogação na publicação
Sindicato Nacional dos Editores de Livros, RJ

E67

    Erotismo e religiosidade: romances de Antônio da Fonseca Soares sobre mulheres. Organização Carlos Eduardo Mendes de Moraes. São Paulo: Editora Unesp, 2013.
    Recurso digital: il.

    Formato: ePDF
    Requisitos do sistema: Adobe Acrobat Reader
    Modo de acesso: World Wide Web
    ISBN 978-85-393-0422-6 (recurso eletrônico)

    1. Antonio das Chagas, Frei, 1631-1682 – Crítica e interpretação 2. Literatura portuguesa – História e crítica. 3. Erotismo na literatura. 4. Religiosidade na literatura. 5. Livros eletrônicos. I. Moraes, Carlos Eduardo Mendes de.

13-01461   CDD: 869.3
                                                     CDU: 821.134.3-3

Este livro é publicado pelo projeto *Edição de Textos de Docentes e Pós-Graduados da UNESP* – Pró-Reitoria de Pós-Graduação da UNESP (PROPG) / Fundação Editora da UNESP (FEU)

Editora afiliada:

Asociación de Editoriales Universitarias
de América Latina y el Caribe

Associação Brasileira de
Editoras Universitárias

SUMÁRIO

Apresentação   7

1 Para conhecer o poeta: as identidades de Antônio
da Fonseca Soares   9
  Carlos Eduardo Mendes de Moraes

2 A mulher representada por Antônio da Fonseca Soares   27
  *Heloiza Brambatti Granjeiro e Carlos Eduardo Mendes
  de Moraes*

3 O santo erótico   43
  Gelise Alfena

4 A prudência das palavras   63
  André da Costa Lopes

5 *Ut pictura poesis*: a poesia descritiva de Antônio
da Fonseca Soares   101
  Luís Fernando Campos D'Arcadia

Referências bibliográficas   149
Sobre os autores   157

APRESENTAÇÃO

Esta obra é resultado do desdobramento de outra pesquisa, que consistiu na elaboração de um guia biográfico e bibliográfico de fontes preferencialmente primárias das duas centenas e meia, aproximadamente, de acadêmicos que assinaram trabalhos nas academias brasílicas da Bahia, nos anos de 1724 e 1759. Nasceu do "acidente de percurso" causado pela (saudável) confusão dos nomes listados nas conferências, composições e documentos circulares dessas agremiações.

Antônio da Fonseca Soares, curiosamente, não pertenceu a nenhuma dessas associações brasileiras e isso deveria ser, de imediato, motivo para a exclusão de seu nome dos estudos. Entretanto, a busca dos documentos a respeito de todas as possíveis combinações de nomes acabou por levar os rumos da pesquisa à opção pela inclusão desse autor, cuja obra ultrapassa as três centenas de composições, dentre as quais, escolhemos o recorte das 104 que se encontram arquivadas na Biblioteca Geral da Universidade de Coimbra sob a cota 2998 dos manuscritos da Sala de Reservados.

A obra desse poeta e orador português – que para o primeiro caso assinou Antônio da Fonseca Soares e para o segundo, frei Antônio das Chagas, mais conhecido – concilia poemas eróticos, satíricos e lírico-amorosos a uma oratória fervorosamente religiosa, que

8 CARLOS EDUARDO MENDES DE MORAES (ORG.)

eclodiu depois de sua conversão à vida monástica. O fato é objeto de estudo filológico, ao qual alguns estudiosos já têm se dedicado. A referida conversão afetou tanto a vida pessoal quanto a obra do poeta, sendo importante para sua compreensão a leitura de documentos paralelos aos textos de intenção literária e/ou de difusão religiosa, notadamente o manuscrito 345 da mesma Sala de Reservados da Biblioteca Geral da Universidade de Coimbra. Esse texto consiste na carta dirigida a dom Francisco de Sousa, efetivando seu pedido de retorno a Portugal, na condição de religioso, depois de um exílio voluntário no Brasil.

A edição dos poemas aqui discutidos constitui trabalho de maior fôlego (do qual se extraem essas reflexões) executado pelo grupo de pesquisa "A escrita no Brasil colonial e suas relações", vinculado à Faculdade de Ciências e Letras de Assis, certificado pelo Conselho Nacional de Desenvolvimento Científico e Tecnológico (CNPq). O estudo que ora se apresenta consiste nos primeiros resultados de trabalhos executados com esse *corpus*, fruto de três pesquisas de iniciação científica, quatro dissertações de mestrado e uma pesquisa individual docente, todas subsidiadas pela Fundação de Amparo à Pesquisa do Estado de São Paulo (Fapesp), além de amparadas institucionalmente pela Faculdade de Ciências e Letras da Universidade Estadual Paulista "Júlio de Mesquita Filho" (Unesp), *campus* de Assis, em seu departamento de Linguística, sede dos alunos e do organizador deste livro. A essas instituições e, notadamente, à Biblioteca Geral da Universidade de Coimbra, nas pessoas dos bibliotecários Antônio Eugênio Maia-Amaral e Ana Caldeira, registram-se aqui os agradecimentos dos autores pela abertura das portas para a pesquisa.

Os autores

1
PARA CONHECER O POETA: AS IDENTIDADES DE ANTÔNIO DA FONSECA SOARES

Carlos Eduardo Mendes de Moraes

Antônio da Fonseca Soares não foi esquecido. Por outro lado, o tempo não lhe permitiu tornar-se um centenário, embora supostamente figurasse, 103 anos após seu nascimento, entre os acadêmicos da Academia Brasílica dos Esquecidos (ABE).[1]

Nascido na Vidigueira em 1621, não viveu para participar "ao vivo" de uma conferência dos letrados do Brasil, reunidos pela primeira Academia Brasílica oficial em abril de 1724. A minha busca pela sua obra, entretanto, seguiu esse itinerário e fez que, equivocadamente, seu nome se confrontasse com os códices daquela Academia.

Eis a questão posta. Antes de conhecer obra tão vasta, deparou-se, entre os poemas recitados na Academia Brasílica dos Esquecidos, com um nome de acadêmico cujos trabalhos são identificados apenas nas duas primeiras conferências, cedendo lugar, posteriormente, às composições de Antônio Ribeiro da Costa, cuja caligrafia, nas cópias dos manuscritos depositados no Instituto de Estudos Brasileiros da Universidade de São Paulo, faziam constar

---

1 Esta pesquisa resulta de uma grande dúvida criada em torno do nome Antônio da Fonseca, como se verá neste capítulo.

10   CARLOS EDUARDO MENDES DE MORAES (ORG.)

da margem, em anotações a lápis, "provavelmente Antonio Ribeiro da Costa", como complemento à identificação "Antônio [Cardoso] da Fonseca".

Os manuscritos dos Esquecidos informam, em localização marginal, a lápis, que alguns poemas "provavelmente" são desse Antônio da Fonseca, mas não podem servir como prova da participação desse poeta português, que depois veio a assinar frei Antônio das Chagas, naquela associação.

A confusão talvez se devesse às regras de escritura do período colonial brasileiro, atestada pelos documentos escritos pelos próprios Esquecidos, segundo as quais os letrados recorrem à "autoridade" no exercício das atividades acadêmicas, confusão que faz inverter um nome, incluir um sobrenome, omitir um deles. A questão parecia simples depois de compulsar a obra impressa *d'O movimento academicista no Brasil* (Castello, 1969-1971), na qual o sobrenome se resolve como Antônio Cardoso da Fonseca. Entretanto, os documentos não revelavam essa solução pacífica em outros casos.

A pesquisa em busca dos nomes que participaram das duas primeiras academias baianas, fundadas no século XVIII, demonstrava que as alcunhas dos seus participantes variavam na forma de escrever, na colocação da ordem, na expressão latina e que, portanto, todo cuidado seria necessário na resolução dessa dúvida.

O exame do estilo do poeta talvez resolvesse (ou talvez complicasse) a questão. Encontram-se, por exemplo, dados relacionados à seleção dos gêneros (ou das formas poemáticas) mais adequados à composição, trabalhados em versos de teor metalinguístico, por intermédio dos quais o acadêmico em questão (provavelmente Antônio Ribeiro da Costa) glosa o tema *Quem mostrou ser mais amante? Clícia ao Sol, ou Endimião à Lua?*. Sob o pseudônimo de Antônio [Cardoso] da Fonseca, o autor utiliza, nesse romance, traços encontrados igualmente nos romances de Antônio da Fonseca Soares, poeta que, nessa situação, serviria de glosa, a prescrever as normas de composição. Lançar mão dessas referências era de uso corrente na época, pois oferecia, assim, modelos de desenvolvimento de romance ao desenvolver o tema *Quem amou mais fielmente: Endimião à Lua ou Clícia ao Sol?*:

Romance (De Antônio Cardoso da Fonseca)

Sem mais armas que um Romance
Sai a campo o meu juízo,
Que em certames amorosos
Outras armas é delírio.

É verdade que das Silvas
Um Adonis sai ferido,
Mas se deste aqui não trato,
Silvá-lo fora delito.

A Canção era mais própria
Deste amoroso litígio,
Se não temera ficasse
De cansada no caminho.

As Décimas seus conceitos,
Aqui vinham dando a dízimo,
Mas amor quando se paga
Não se paga de juízos.

As Glosas também confesso,
Que se tecem de ouro fino,
Mas amante que presume
Não quer estar por um fio.

O Soneto sim pudera
Acudir ao desafio
Que é Príncipe de La Sangre,
E tem aqui seu domínio.

Mas amor que na sangria
Quer evitar prejuízos
Teme ao picar da veia
No catorzeno perigo.

O Romance pois, Senhores,
São as armas com que fico
Que de todas para o assunto
São as de maior capricho.

Se as não souber menear,
Não me estranheis ser tíbio,
Que é Discípulo com o Mestre
Ficar temblando é preciso.[2]

Essas nove estrofes contêm a essência do que se desenvolve entre os Esquecidos da Bahia: a utilidade das estrofes ou as formas poemáticas discutidas, metalinguisticamente, para a escolha do melhor metro para glosar determinado tema. No recorte, observa-se que o *Amor*, entre os letrados, é tema secundário, que deve ser trabalhado como tema popular.

Assim, os romances aparecem entre os escritos dos acadêmicos nas composições apresentadas nos temas líricos, legados ao segundo plano na exposição das matérias menos importantes do que o reino, as preocupações primordiais dos estudos acadêmicos e a *história da América portuguesa*. Na prática dessa adequação, o acadêmico imita Antônio da Fonseca Soares, exímio escritor de romances.

Aparentemente, a confusão se resolvia, mas ficava ainda a possibilidade do uso de um pseudônimo a pairar sobre a questão, dirimida finalmente pelo caráter circunstancial do poema:

---

2 Transcrição e adaptação do autor, feita diretamente do ms. 2998, Sala de Reservados da Biblioteca Geral da Universidade de Coimbra.

Entramos no assunto agora,
E como esta entrada sinto!
Porque casa com dos puertas
Sempre teve ruim hospício.

O Assunto em dois discursos
Pergunta qual é mais fino,
Se Endimião a Lua
Se Clície querendo a Cíntio.

Confesso que me arrependo
De me haver metido nisto,
Porque sei que amantes foram,
E não sei qual o rendido.

Mas suposto assim o manda
O Secretário entendido,
Eu lhes irei perguntando:
De que ouvir farei aviso

Venha já Senhora Clície,
E nos diga que motivo
A obrigou a ser amante
Deste Planeta luzido.

Acaso vos prometeu
Dar-vos a ele algum vestido
Das telas com que trajava
As Estrelas em seu giro.

Ou daria por ventura
A palavra de marido,
Que Damas para casarem
De palavras fazem brincos.

Não pode ser, porque quando
De casar tivesse arbítrio,
Esposa tinha em Leucotoe,
Pois era Mãe de seus filhos.

É verdade que podeis
Alegar este juízo,
Que de Apolo não sabias
Vos era traidor amigo.

Livremente vos concedo
A razão que tendes nisso,
Que entre amantes também há
Amantes adulterinos.

Mas se vós quando alcançastes
Que vos era fementido,
O deixaras com Leucotoe,
Como a fonte deixa o rio

Nunca o amor em vós fizera
Os efeitos de menino,
Entregando vosso peito
Ao chumbado de seus tiros.

Tal foi o zeloso fogo,
Que o tomaste por capricho
A execução de um agravo,
Feita da Dama a um Corisco.

Que culpa teve Leucotoe,
De a querer o Louro Cíntio,
Se foi culpa o ser amada,
Também o foi ter nascido.

Pois se o Sol assim concorre
A dar à Beleza mimo,
Ingrata fora Leucotoe,
Se lhe negara o carinho.

Mas em tudo andaste cega,
Porque dando ao Rei aviso,
Forte verdugo da vida
Tomando da Parca o ofício.

Ora entendo que a resposta,
Que me dais a tudo isto,
É que obrastes como néscia,
Que as formosas pecam nisso.

E que nunca lá chegaras
Aos extremos que vos digo,
Se de Febo receberas
Um desdém mais compassivo.

Mas que nos mesmos extremos
Vosso amor foi muito [ativo]
Porque amar a quem me agrava
Atributo é só Divino.

E que sendo em seus desprezos
As esperanças perdido,
Amá-lo sem esperanças
Inda foi mor desatino.

Desta parte finalmente,
As razões temos ouvido,
Que um amor desesperado
Nela foi mais excessivo.

Agora com Endimião
Falarei mais comedido,
Que falar com aluados,
Corre um homem muito risco.

Porém quando me suceda
Em tal caso prejuízo,
Do discreto Secretário
Ah qu' (sic) del Rei, darei gritos.

Ora diga meu Senhor,
Endimião o mais bonito
Caçador daquele tempo,
Que no mato andava aos bichos.

Vós caçastes a Diana,
Ou Diana vos fez tiro,
Porque anda em opiniões,
Qual dos dois foi o Cupido.

Alguns querem que essa Deusa
Vos buscava já dormindo,
Mas outros que vós a ela
A acordavas com gemidos.

Se vós fostes o Berrante
É desastrado delírio,
Perder-vos por uma Dama,
Que as cores tem perdido.

Não lhe vistes a Palidez,
Dando do gálico indícios,
Que em Damas que saem de noite
Corrimentos é capricho.

Mas se toda enamorada
De vosso peito fez nicho,
Obraste bem em rendê-la,
E em amá-la inadvertido.

Se me dizeis que com ela
Entrais a foro, e partido,
Louco sois pois ignorais
A carga que tomais nisso

Umas meias de pisão
Vos há de calçar o cio,
E cobrir-vos-á a cabeça
Um barrete de dois bicos.

Quando saíres á caça
Se a encontrares no sítio,
Temo nela façais presa
Julgando ser um cabrito

Mas se nada disto basta
Para um airoso retiro,
Respondei, que o Secretário
Já me pede a razão disto.

Inquire que o amor é vosso,
Se é verdadeiro, ou fingido,
Se sois casado ou solteiro,
Assunto ao fim de Ministro.

Se dizeis que vosso amor
É lá dos Gigantes primo,
Eu dissera que um Pigmeu
Não se há de ver mais mofino.

18 CARLOS EDUARDO MENDES DE MORAES (ORG.)

Direis que amando a Lua
É vosso amor peregrino,
Pois de amar uma inconstância
Ficaste sempre dormindo.

E que expores vossa fé
Ao varejo é delírio,
Foi mostrar que só amava
Quem amava o precipício.

Que na escolha de dois males
Parece mais admissivo,
A perda das esperanças,
Que a falta de todo o siso.

Ao Passado Presidente
Concluso vai este escrito,
Com a justiça que costuma
Julgará este litígio;

Se do selo carecer
Dois estão neste partido,
Valha um selo ex causa
Na chancelaria, Brito.[3]
(grifos nossos)

Tornou-se impossível, portanto, a presença de Antônio da Fonseca (Soares) entre os Esquecidos se considerarmos as alusões à diretoria da ABE (diretamente ao Secretário José da Cunha Cardoso e ao Presidente da conferência João de Brito e Lima), pois a imitação, em algum momento, revelaria a distância temporal entre a morte do poeta português, em 1682 e a fundação da Academia, em 1724.

Não havia, portanto, equívocos na identificação do acadêmico Antônio Cardoso da Fonseca. Tratava-se de um pseudônimo – quan-

---

3 Cf. nota 2.

do muito – de Antônio Ribeiro da Costa, "dono da caligrafia" polêmica, o qual possui uma produção regular nos códices dos Esquecidos. A solução da dúvida, assim, dependeria da pesquisa realizada diretamente nos documentos da Universidade de Coimbra, quando a névoa que precisava ser dissipada se adensou. Passou a figurar, entre os escritos de autoria do militar, o nome do religioso frei Antônio das Chagas, nome adotado posteriormente à sua conversão à vida religiosa e que figuraria no manuscrito 2998 da Biblioteca Geral da Universidade *Romances Portuguezes de Antonio d'Afonceca, q despois se chamou Fr. Antonio das Chagas* (Figura 1).

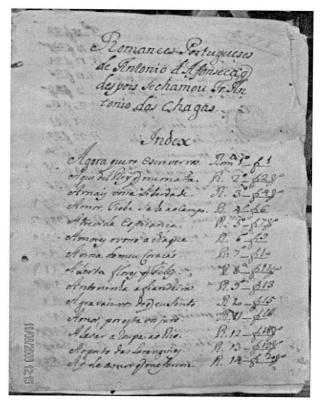

Figura 1 – Manuscrito 2998, que trata dos Romances de Antônio da Fonseca Soares.

Estava posta a complexidade da questão, agravada, ainda, pelos manuscritos 1676 e 1498, os quais tratavam da condenação ao auto de fé, em Coimbra, de um padre António da Fonseca, que, pelo seu poder de confessor, abusou sexualmente de suas confessadas, *Angela do Sacramento, Agueda de Santa Thereza, Engracia Maria e Caterina de São*. Esses casos, entretanto, não nos levaram ao mesmo António da Fonseca (Figuras 2 e 3):

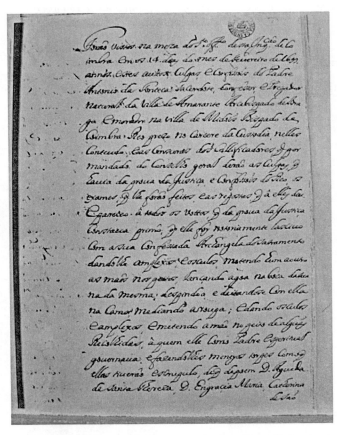

Figura 2 – Manuscrito (ms.) 1498, que trata da acusação ao Padre António da Fonseca, no ano de 1699.

Figura 3 – *Para qualificar* (ms. 1676), trata da condenação de um Padre Antônio da Fonseca.

Recentemente, em busca de mais subsídios para aprofundar a questão Fonseca, rompe-se a barreira mais problemática, por formal, que separava a dúvida do centro da questão: compulsados os manuscritos do frei Antônio das Chagas, nome adotado por Fonseca depois de sua conversão à vida monástica, encontra-se o manuscrito 345 da Sala de Reservados da Biblioteca Geral da Universidade de Coimbra, no qual o poeta dirige-se a um seu protetor.

No ano de 1672, o então militar, arrependido, pede a intervenção desse protetor, dom Francisco de Sousa, no caso do assassinato cometido, segundo o próprio autor, no calor da juventude e fora do exercício da atividade militar. Comprometia-se a retornar para Portugal, do exílio voluntário que fazia no Brasil, para difundir a palavra de Deus e abandonar a vida mundana, que o levara a tirar a vida de um homem e se esconder, sob a proteção da farda, da punição cabível a tal crime.

Esse manuscrito 345 é, para a estudiosa professora Maria de Lourdes Belchior Pontes, o nascimento de Antônio das Chagas, o frei cuja retórica era, em muitos aspectos, comparável à oratória do Padre Vieira, seu contemporâneo e conterrâneo (Figura 4).

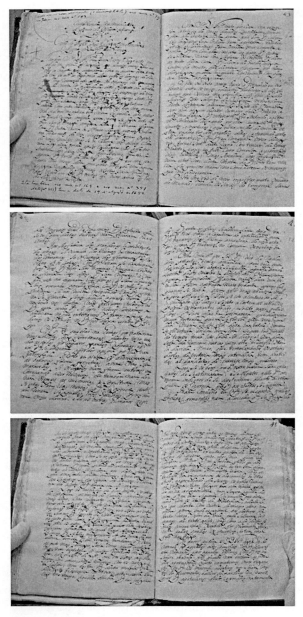

Figura 4 – Carta dirigida a dom Francisco de Sousa (*Continua*).

EROTISMO E RELIGIOSIDADE 23

Figura 4 – (*Continuação*).

Este trabalho

Importa, para o momento, conhecer a obra mundana desse nome da literatura de expressão lusófona, cujos limites esbarram na oratória de Vieira, depois de nascido o Chagas, mas que também dialoga com a poesia de Gregório, enquanto vive o Fonseca. Entre os manuscritos que documentam a obra do militar, este último, nosso objeto de trabalho será o manuscrito 2998 da Biblioteca Geral da Universidade de Coimbra.

Resolvida a questão da identidade de Antônio da Fonseca Soares, dirige-se o holofote para a sua obra, trabalho que demonstra veia poética de qualidade apreciável, haja vista a riqueza de motivos e de recursos produzidos pelo seu engenho e explorados pela sua poética.

Os 104 romances do manuscrito 2998 se distribuem em blocos temáticos que tratam do amor, do erotismo, da religião, da saudade, da saúde, do cotidiano e do rancor, fazendo, pois, da relação humana o eixo de sua poesia.

Os tipos frequentadores dessa obra são preferencialmente os femininos populares, os quais constituem um ambiente de aproximação do poeta ao cotidiano do vulgo, caracterizado pelos nomes simples, às vezes até marcados pelas formas afetivas, atribuídos a personagens igualmente simples, próprias do universo descrito. São fiandeiras, lavadeiras, vendedoras, prostitutas, comadres alcoviteiras que povoam e pintam o pano de fundo da obra de Fonseca, cujas tintas mais evidentes estão postas na regularidade dos versos, na construção descritiva, pictórica e, às vezes, conceitual das imagens, além da exploração nada parcimoniosa das figuras metafóricas, antitéticas e personificadas.

Em seu *corpus*, o manuscrito 2998 permite ser analisado por diversas perspectivas, dentre as quais serão destacadas a presença da mulher, as escolhas vocabulares, a relação entre o erótico e o religioso e a própria relação entre poesia e pintura, aqui tratadas pelos participantes desta pesquisa nos capítulos subsequentes.

Como se tratou, inicialmente, de pesquisa em fonte primária, alguns critérios necessitam ser especificados. Primeiramente, o trabalho se iniciou pela transcrição dos 104 poemas, feita pela equipe constituída pelos autores Gelise Alfena (mestrado), Luís D'Arcadia, Heloiza Granjeiro, André Lopes (iniciação científica) e Carlos Eduardo Moraes (orientador dos trabalhos). Os poemas citados neste trabalho se apresentam com grafia adaptada, visando a contemplar a compreensão de um público não afeito às questões das práticas de edição e dos estudos linguísticos delas decorrentes. A opção, neste trabalho, por apresentar versão transcrita apenas dos poemas a serem analisados no tratamento crítico da obra se deve à extensão do *corpus*, o que se resolverá com publicação à parte, no formato de uma edição para leitura e conhecimento dos poemas.

A simples transcrição gerou, obviamente, a insatisfação da tarefa incompleta, o que se fez resolver com a continuação dos projetos por mais dois períodos, mergulhando os participantes no trabalho de análise e crítica da obra, ação exigida tanto pelo inédito do conjunto de poemas, quanto pela necessidade de ações dessa natureza nos estudos literários.

Assim, formaram-se quatro frentes distintas.: a primeira concluída em 2006, com a defesa da dissertação *Santinho do pau oco* (Alfena, 2006), as demais em 2008, com os relatórios de pesquisa, que neste trabalho, formam os relatos que compõem a maior parte dos capítulos desta obra. Outros quatro capítulos são compostos pelas questões até então discutidas no âmbito dos estudos do grupo de pesquisa *A escrita no Brasil colonial e suas relações*.

O primeiro deles, "A mulher representada por Antônio da Fonseca Soares", de autoria de Heloiza Granjeiro e Carlos Moraes, aborda a presença feminina reiterada na obra do autor. Os conflitos característicos da expressão seiscentista, postos em debate neste capítulo, demonstram a transformação da idealização petrarquista na imagem sensual e o tratamento direto, em linguagem de vocabulário simples, embora de construções engenhosas, utilizados por Antônio da Fonseca Soares no manuscrito 2998. O referencial, que irá produzir ecos na poesia do século seguinte já era prática nas invectivas de Gregório de Matos e outros poetas coevos.

A ambiguidade do discurso repleto de elementos religiosos, em contradição com as imagens e as figuras fortemente erotizadas, demonstram a essência do capítulo "O santo erótico", de autoria de Gelise Alfena. Esses contrastes, que em diversas oportunidades são colocados à vista em um mesmo poema, demonstram a predileção do poeta pelas antíteses e até pelos paradoxos, explorados no limite, como no caso do romance 54, no qual *Santinha* é exortada a dar para o poeta, que vive a "quaresma" da abstinência, o que notoriamente já deu para a comunidade. Em outras composições, a exploração pode ser mais sutil, mas de efeito igualmente contraditório, revelando, assim, o repertório de embates que fará a base da poética fonsequiana.

A "Prudência das palavras" assume a discussão a partir dos efeitos eróticos produzidos pelas metáforas mais exploradas por Fonseca Soares. O debate sobre o engenho do poeta, cujas construções atestam a presença das poéticas de Aristóteles e Horácio, além da retórica do primeiro, chama a atenção para a construção dos lugares explorados pelo poeta em busca de firmar uma linguagem a um tempo simples e elaborada. O erotismo e a voz maledicente, coloridos pela religião e pela mitologia (alegórica), são os recursos que André Lopes faz vir à tona com suas reflexões.

O famoso recurso horaciano da poesia como pintura, tão mencionado e seguido de perto pelos poetas lusófonos seiscentistas e setecentistas, é o objeto de estudo de Luís D'Arcadia em "*Ut pictura poesis*: a poesia descritiva de Antônio da Fonseca Soares". O autor vai tratar do decoro da representação posto à prova entre poetas e seus pares na produção poética dos seiscentos. Particularmente no que diz respeito a Antônio da Fonseca Soares, o debate ganha dimensão ao explorar diversos procedimentos próprios ou metafóricos que assumem o poder descritivo ou imagético, os quais são ilustrados por diversos exemplos retirados dos 104 romances constantes do manuscrito 2998.[4]

---

4 Assim, dá-se conta de algumas questões abertas para debate sobre Antônio da Fonseca Soares pela principal pesquisadora da obra, Maria de Lourdes Belchior Pontes, que optou por trazer à luz a vertente religiosa, representada pelo pseudônimo frei Antônio das Chagas.

2
A MULHER REPRESENTADA POR ANTÔNIO DA FONSECA SOARES

Heloiza Brambatti Granjeiro
Carlos Eduardo Mendes de Moraes

Antônio da Fonseca Soares, também conhecido por frei Antônio das Chagas (1631-1682)

Muitos estudiosos se interessam pela fase religiosa do poeta português Antônio da Fonseca Soares, por ter sido a fase dos seus sermões, suas cartas aos seguidores e, principalmente, suas *Cartas Espirituais*. Entretanto, nosso objeto de estudo se volta para a temática do manuscrito 2998 da Sala de Reservados da Biblioteca Geral da Universidade de Coimbra, referente à parte secular de sua obra. O *corpus* do estudo se constitui dos 104 romances, no qual predomina o tema da mulher representada em sua amplitude.

Para Pontes (1953), Antônio da Fonseca Soares é um exemplo de poeta de seu tempo, pois, tanto em sua vida como nas poesias, estava em conflito consigo mesmo. Vejamos o trecho abaixo no qual a autora descreve a dualidade da vida de Antônio da Fonseca Soares:

> Mas quem foi Antônio da Fonseca Soares? Antônio da Fonseca Soares vem à luz da ribalta, trazido por frei Antônio das Chagas, que é o próprio Fonseca, ele mesmo, penitente, arrependido, ardente, apostólico, a arrastar as multidões, a quem pregava peni-

28   CARLOS EDUARDO MENDES DE MORAES (ORG.)

tência e mudança de vida, a dirigir na austeridade, na finalidade a uma regra, freiras que por sua virtude eram, naqueles tempos, como oásis em deserto. E, se não fora o autor das *Cartas Espirituais*, talvez o moço irrequieto, espadachim, esbelto e facundo, versejador inesgotável, fazedor de romances e sonetos que o Fonseca era, não tivesse conseguido remover o esquecimento, que o havia de confundir no anonimato, igualando-o tantos contemporâneos seus que, por obras valerosas, se não assinalaram. (Pontes, 1953, p.6)

Essa é uma visão relativamente parcial aplicada à obra fonsequiana, pois nela não diferem poeta e homem e, possivelmente, outra leitura permita lermos os seus poemas a partir de um ponto de vista mais programático e menos recorrente aos subsídios biográficos do autor, o que procuraremos fazer em alguns momentos ao longo deste trabalho. Primeiramente, cabe demonstrarmos que o contexto dos conflitos não está restrito à vida de Antônio da Fonseca Soares e, consequentemente, não pode permear uma análise contrapondo as duas vertentes da sua obra, justificando tal postura pura e simplesmente por questões pessoais.

O seiscentismo e a expressão de conflitos

Três conceitos são essenciais para o entendimento da inserção da obra do poeta em seu tempo. Tratamos aqui de *arte, engenho e emulação*. Entendemos por *arte* a "construção da poesia" e aquilo que denota o trabalho do poeta na elaboração de sua obra. O *artífice* ou *artesão* da poesia têm por ação principal conhecer e aplicar os fundamentos da *arte* a serviço do arranjo das palavras, da produção dos efeitos esperados para atingir o público e, em última instância, para estruturar a composição dentro de parâmetros aceitáveis pela poética vigente, por se encontrar em voga ou em debate entre seus contemporâneos.

Por *engenho*, entende-se o gênio do poeta, traduzido pela sua perspicácia diante do catálogo de temas e modelos a sua disposição

EROTISMO E RELIGIOSIDADE   **29**

para a expressão da poesia. Nessa perspectiva, fatores externos à arte poética estão em avaliação no momento próprio da produção, a saber, a discrição, que pode ser tratada como um dos dispositivos mais importantes na avaliação da representação do poeta seiscentista diante de seu público. Por intermédio da discrição os conflitos próprios da humanidade são mediados e expressos pela palavra poética, colocando em evidência o comedimento necessário para a aceitação do público, preparado, adequado e expectante de determinadas incursões do poeta.

Finalmente, por *emulação* entende-se a ação de *saber se apropriar* e procurar melhorar o modelo a ser imitado, citado, aludido. O motor da poesia seiscentista, assim posto, não está centrado em conceitos atuais, como originalidade, autoria etc. Antes, ele faz andar o gênero tanto pela engenhosidade do poeta no arranjo e na seleção a partir do catálogo disponível, quanto pela capacidade de rearranjo de elementos desse catálogo em direção a efeitos inusitados e, portanto, *engenhosos*, no que diz respeito à capacidade de rearranjá-los, e *artesanais* ou *artísticos*, quando se leva em conta a tarefa da elaboração do poema em si. A partir desses conceitos, discutiremos a *expressão de conflitos* presente na obra de Antônio da Fonseca Soares.

No seiscentismo, as manifestações das Belas Letras ocorridas no espaço ibérico, tanto na expressão escrita como em outras artes, representa o reflexo de um período de dubiedade de visões do mundo. Nesse momento de crise espiritual na cultura ocidental, o homem se divide entre duas formas de ver o mundo: de um lado, o paganismo e o sensualismo do Renascimento e, do outro. a exaltação religiosa teocêntrica medieval.

É nesse ambiente que Fonseca Soares compôs os seus romances, tendo como tema central a figura feminina, evidenciando a dualidade entre o sacerdócio e o amor/sensual. Ou seja, Fonseca Soares trata do compromisso com a religião, mas também dos sentimentos para com a mulher, representada pela beleza e pelo poder de sedução. Assim, a mulher é, ao mesmo tempo, enaltecida e denegrida, já que a alma do eu lírico se encontra em estado de conflito. Para Franco (2007, p.8),

Vários teólogos do Cristianismo Antigo, conhecidos pela denominação de Padres da Igreja, com destaque especial para Santo Agostinho de Hipona, enfatizaram doutrinalmente o papel da mulher na queda original, ora acusando-a de ter sido a protagonista da desobediência a Deus arrastando consigo o homem, ora relegando esse acto pecaminoso a uma prevaricação sexual que teria manchado a inocência da vida do primeiro par humano no paraíso terreal. A extrema valorização teológica da culpabilidade feminina ligada ao princípio da degeneração da humanidade no quadro da história do pecado contribuiu imenso para aumentar o déficit de credibilidade em torno da mulher no quadro do judeu-cristianismo. O lastro religioso da cultura ocidental assente numa sociedade patriarcal desenvolveu preconceitos altamente segregadores em relação ao sexo feminino.

Portanto, esse conflito está expresso na obra de Fonseca Soares como assunto comum às práticas letradas do século XVII. Não constitui conflito de indivíduo, mas conflito de uma época, resultante de uma educação católica contrarreformista. Se há uma relação direta com a expressão poética luso-brasileira, ela abarca estruturas muito mais profundas do que uma expressão externa e exibicionista do poeta. Faz parte da sua formação e, portanto, dela ele não se desvencilha.

Questões relacionadas à temática da mulher, no seiscentismo

A análise da temática seiscentista na Ibéria é fenômeno europeu expresso em variantes nacionais. O tema da poesia pode ser tratado como uma herança do maneirismo, que apresentava como temática o desengano do mundo, sentimentos de fugacidade da vida, beleza da mulher, navio, morte, *carpe diem*, sensualidade, solidão, sentimento amoroso, padecimento, ausência etc.

EROTISMO E RELIGIOSIDADE 31

A poesia apresenta uma tendência de captar a realidade e explorá-la, ou seja, os fatos cotidianos são retratados em suas minúcias e expostos pelos artistas. Dessa forma, transferem os elementos do cotidiano para a poesia, modo de demonstrar seu estado de espírito. Silva (1971, p.433) nos expõe:

> [...] com esta tendência, apresenta também a poesia barroca um vigoroso pendor para a captação do real, sobretudo do real quotidiano, analisado e figurado, muitas vezes, com a minudência de uma visão míope. O poeta barroco sente prazer em mergulhar na diversidade do real, nas circunstâncias da vida e do mundo, em recolher traços mais característicos e mais pitorescos, mais sórdidos e mais repulsivos, fazendo deles matéria de criação poética, sem se preocupar com as convenções e os preceitos que dificultassem ou proibissem esse considerável alargamento das fronteiras temáticas da poesia [...].

Nesse momento, o homem passava por conflitos interiores, sendo ora escravo dos gozos terrenos e corporais e ora liberto das servidões e das penitências. E, por isso, não detinha o mesmo olhar do século anterior em relação à vida e buscara nos engenhos meios de explorar a visão de mundo e de vida por meio de figuras como antítese, metáfora, comparação. Os poetas de então usavam esses recursos de modo mais exagerado que os maneiristas, dando a sua escrita um tom mais realista diante dos fatos triviais e cotidianos:

> [...] ocorre com frequência um circunstancialismo temático que, em nosso entender, promana não só da tendência realística daquela poesia, mas também da convicção de que a natureza do tema escolhido é relativamente irrelevante, pois o que fundamentalmente importa é o surpreendente e embriagador jogo conceituoso, metafórico e paradoxal que o engenho poderá tecer, tomando como pretexto aquele tema. Realismo e irrealismo conjugam-se e fundem-se continuamente na arte barroca [...] aparecem numerosos poemas inspirados por factos triviais e por episódios da vida quotidiana [...]. (Silva, 1971, p.438)

Entre os diversos temas explorados pela poesia de Fonseca Soares, os que nos chamam a atenção são o amor e a mulher, temas universais tratados de modo específico, criando outra faceta para essas tópicas, até então pouco discutidas. Evidenciam-se os conflitos relacionados à relação entre a moral cristã *versus* o desenvolvimento das ciências. Esse conflito favorecia ao materialismo. Evidencia-se, igualmente, na sua arte, o recurso à religião pagã expresso nos conceitos clássicos em nome do ornato da poesia, momento em que Fonseca Soares recorre a personagens da mitologia, rebaixando-os, entretanto, à condição de figura humana, pecadora e alegórica, fazendo consolidar sua condição católica, mesmo na poesia secular.

Cabe ao poeta, em nome do engenho (a criação inspirada) e da arte (o domínio da técnica), tratar dos temas segundo a expressão, vinculando-se, por formação ou por visão de mundo, à generalidade e à generalização dessas tópicas. Especificamente em Fonseca Soares, esses temas são tratados em linguagem popular, trazidos para a representação sob a marca dos jogos de imagem, dos jogos engenhosos de ideias e de outras construções que privilegiam as oposições como elemento marcante na poética e na prosa, notadamente na oratória. E essa ação o conforma ao seu tempo e ao seu espaço.

Dentro desse jogo, as escolhas podem recair sobre os efeitos contrastantes das aproximações em metáforas (por vezes distantes) como neve/luz/dentes (para expressar o branco), coral/pérola (para designar boca), além de outros efeitos de similitude dados pela aproximação perceptível, ou nem tanto, chegando, por vezes às oposições em diversas nuances, marcadas por conceitos amplos, como religião/sensualidade, louvor/vitupério, vícios/bons costumes etc. Nessa vertente encontramos o caminho temático de Fonseca Soares.

A temática da mulher na poesia maneirista aparece geralmente com a figura da santa Maria Madalena de modo a inspirar motivos de conversão e fidelidade em Jesus por parte dos homens. A figura dessa mulher representa penitência e caminho para a salvação e, ao contrário da poesia e pintura seiscentistas que denota a beleza e sensualidade da santa, transcreve a vida mundana de Maria Madalena antes de encontrar Jesus Cristo.

A mulher seiscentista é descrita em sua realidade física e social, dotada de uma beleza bastante próxima do cotidiano. Caracterizada sem qualquer tipo de privilégios, as descrições ou o imaginário que povoa essa poesia é o da costureira, da prostituta, da coxa, da muda, da pedinte, das pastoras, das lavadeiras, das fiandeiras, das vendedoras de frutas etc. Essa opção mais realista adotada pelos poetas seiscentistas, ao representar as mulheres de uma condição menos favorecida no seu cotidiano e em seus afazeres, faz que ocorra um movimento contrário às mulheres cantadas por Petrarca, pois as figuras femininas já não são mais idealizadas. Figuram como símbolo de uma realidade em que há uma mistura de raças e povos de diversos países. Essa tendência, que se arrasta e arrasta o seiscentismo até meados dos Setecentos, pode ser ilustrada pelo poema anônimo a seguir, cujas características estão conformes com nossas afirmações:

Dá certo sujeito satisfação ao público de amar hua lavadeira

Eu sei: que tem Jozefinha
Rústica por condição
Um seixo por coração,
Que a nenhum logo se inclina;
Eu sei: que um rústico a domina
Que em pobre alvergue descansa
E que a desgraçadinha trança
Rara vez ata, e penteia,
E que nutre a sua ideia
So ua servil esperança
Sei! Que em grosseiro trabalho
Sobre inclinados penedos
Greta os tortuosos dedos
Mais brancos do que um carvalho;

Sei! Que a chuva o sol o orvalho
Lhe têm crestado o carão:
Tudo sei; mas a paixão
De amor mo pinta tão bela,
Que morro de amor por Ella
Sem saber dar a razão!
Quando cheirando a barrela
Sai d'água feita um sapo
Erguendo o cargo da roupa,
E o pé na rota chinela
Tirse, Marcia, Jonia, Isabella
Não tem tanta fermosura
Como tu nessa figura
Olha o que pode a paixão?
Cegueira lhe chamarão?
Mas eu chamo-lhe ventura
Que importa ua loira trança
Um corpo esbelto, e bem feito
Fazer por sócia um trejeito
Dançar ua contra dança
Vestir à moda de França
Levar ua senhoria
Por engano ou ironia:
Se falta tanta virtude
Que ainda nesse gosto rude
Faz em mim tal simpatia? (Anônimo, Doc. RMC 2900,
cx. 334, sem manifestação da mesa.)

Essa faceta realista do seiscentismo apresenta uma aproximação com o burlesco, com o satírico e com o cômico, pois as figuras
representadas ganham um novo formato, indo contra os preceitos
petrarquistas e contra outras expressões realistas, uma vez que os
poetas, a partir do seiscentismo, utilizam uma temática universal
para expressar a sua maneira chã de ver o mundo e as coisas no
mundo. Silva (1971, p.435) expõe:

O que [é] verdadeiramente novo, porém, nestes retratos, é o aparecimento de elementos realistas que vêm alterar o carácter ideal, aristocraticamente depurado e artificioso, do retrato petrarquista. O poeta barroco vê pormenorizadamente a mulher, na sua fisionomia e no seu corpo, e, numa atitude em que se conjugam realismo e erotismo, exalta partes corporais até então esquecidas, desprezadas ou pudicamente não mencionadas: o nariz, o queixo, os seios, a cintura, os pés, as pernas...

O erotismo é outra faceta que está intimamente ligada à figura feminina na poesia seiscentista por meio das metáforas e comparações que descrevem o corpo da mulher como fonte de prazer e desejo:

A mulher deixa de ser conceituada como um ser idealizado e aristocraticamente distante, passando a ser vista como um ser de carne e osso, sedutora e apetecível na sua carnalidade; o amor considerado prevalentemente como gozo dos sentidos. (ibidem, p.463)

Embora não seja o foco de nossas discussões sobre os romances do manuscrito 2998, o erotismo na mulher se apresenta alguma centralidade nos textos. Neles, o eu lírico é colocado na condição de admirador e de sofredor, pois associado a esse erotismo figuram qualificações que provocarão o desenvolvimento dos jogos de palavras antitéticas, paradoxais ou de imagens contraditórias.

Os tipos de mulher "colecionadas" no manuscrito 2998

Para o nosso autor, o tema da mulher em relação ao amor é dominante, retomado em um grande número de romances, nos quais há referências à mulher como pivô da desilusão amorosa, do sofrimento amoroso, do amor não correspondido, da ausência da amada ou do amor impossível (observe-se a relação com o exemplo acima).

36 CARLOS EDUARDO MENDES DE MORAES (ORG.)

Os ofícios das mulheres, a descrição erótica do corpo, a atitude má, a beleza, o vitupério estão no cerne desses poemas atribuídos a diversos nomes do mundo cotidiano, do universo pastoril ou do universo mitológico.

Os nomes de mulheres comuns e das mulheres mitológicas, assim os vocativos, são várias vezes empregados nos diversos romances composto por Fonseca Soares. Entre eles figuram Anna, Filis, Antoninha, Madalena, Izabel, Tisbe, Mariana, Clarinha, Nize, Maria, Francelisa, Amarílis, Josephina, Teresa, Belize, Leanor, Maricota, Francisca, Lize, ao lado dos nomes associados a ninfas e divindades mitológicas, como Vênus, Ninfa, Clori, Atenas, Délia, Cíntia, Diana, Dafne, Parcas. A presença de vocativos também se faz para enfatizar a referência às personagens femininas na obra: *ai prima, ai amores dos meus olhos, marquesa de sete rios, minha flor, belo e adorado feitiço, meus amores, santinha, querida prenda, menina da minha vida, minha amante*.

Com relação aos ofícios praticados pelas mulheres, encontramos a costureira, a padeira, a lavadeira, a vendedora de frutas, as fiandeiras, também várias vezes repetidas nos diversos poemas. Fonseca Soares escreveu sobre diversos temas como aniversário, doença, carta de amor, erotismo, ciúmes, vitupério etc., e em todos a figura da mulher é colocada em primeiro plano. Algumas vezes, o homem pode estar presente, mas o foco é mantido na figura feminina. Dentre esses homens, o mais *passivo* é o eu lírico, por ocupar sempre a condição de sofredor nas composições. Sobre essa constituição do universo das mulheres de Fonseca Soares, trataremos a seguir.

Aqui apresentaremos alguns trechos da obra que tratam da figura feminina sob vários aspectos. A mulher é tratada por Fonseca Soares predominantemente em tom descritivo e narrativo. Comecemos pela *beleza*. Em termos estruturais, predominam as comparações, assim como as alusões à mitologia, que auxiliam no ornato e na descrição dos atributos da mulher. No trecho abaixo, demonstramos a beleza fugaz, a qual Fonseca Soares construíra em *imagem ofuscada* pelo mau gênio:

EROTISMO E RELIGIOSIDADE **37**

Enfim Clori *nesses raios*
Não negueis mais a evidência
Não é bem que uma nuvem
Mais que uma vida mereça (romance 63, grifos nossos)

O jogo se consolida pela alusão à efemeridade da nuvem, submissa e associada à agressividade do raio. Os atributos femininos evocam a chuva ou a tempestade, formando um duplo caminho de sugestões: o mau tempo/a possibilidade de destruição, em contraste com a água/fonte de vida e sensualidade, embora não quando decorrente da chuva. Clori, assim, pode sugerir essas beleza e sensualidade, mas representa, de outra parte, a iminência da chuva, da tempestade, da devastação, para a qual o eu lírico pede como punição a efemeridade da existência de uma nuvem.

Outra forma de alusão à mulher pode ser o *erotismo/sensualidade*. Predominantemente, faz-se pela narração, outras vezes, pela descrição e algumas vezes, pelo diálogo, que o eu lírico estabelece com a mulher.

Mas de querer-me matar-me
Quem não fará conjecturas
Se *dardes* esta *bainha*
Foi por ter a *espada nua* (romance 46, grifo nosso)

O jogo da sensualidade se apresenta em forma direta nessa estrofe. Embainhar/desembainhar a espada sugere o mesmo movimento da relação sexual, em que a ação de "ajuste" do verbo desembainhar, substituído por *dar* a bainha (do lat. "Vagina"), diante da *espada nua* (alusão relacionada diretamente ao falo), evoca a imagem da atividade sexual completada pelo adjetivo relacionado à nudez. A mesma sensualidade pode se observar em:

Destoucai essa toalha
Os *alfinetes* desprego
Postos em nuvem me abracem
Os raios desse cabelo (romance 18, grifo nosso)

38 CARLOS EDUARDO MENDES DE MORAES (ORG.)

Nesse segundo exemplo, a exploração dos semas relacionados à sensualidade conclui-se em dois eixos distintos. Primeiramente, pela imagem suscitada pelo imperativo *destoucai essa toalha,* invocando a nudez feminina, solicitada/desejada pelo eu lírico, tornando-a paciente e sujeita a duas incursões fálicas, expressas por *alfinete* e *prego.* A imagem se fecha pela imagem misteriosa/envolvente da nuvem/toalha/cabelo, que pode se tornar clara com o raio.

Outro uso recorrente é o *vocativo,* presente como exemplo nos dois excertos seguintes:

> *Clarinha da minha vida*
> que junto da ponte lava
> Levando todas as vidas
> dos que mata as maos Lavadas (romance 22, grifo nosso)

> Es Izabel muito Linda
> *mas porem muito avarenta*
> *pois estimas tanto o ouro*
> *que trazes nessa cabeça* (romance 28, grifo nosso)

A evocação, em geral, conduz os romances de Fonseca Soares por um caminho do diálogo, fazendo que a aproximação entre eu lírico e a personagem evocada seja bastante próxima, provocando os efeitos de intimidade e expressão de sentimentos mais aguçados. Por intermédio desse recurso, Fonseca Soares efetiva a função para qual se presta a forma poemática do romance, qual seja, composição de caráter lírico e popular, adequada a temas intimistas e/ou pessoais, no caso, a expressão dos sentimentos em relação à mulher evocada.

O *ofício das mulheres* também se faz largamente presente na obra de Fonseca Soares. As indicações desses ofícios e as descrições dos tipos característicos de cada ocupação geralmente são feitas aos tipos populares consagrados em seus romances. Nesse aspecto, os romances de Fonseca Soares corroboram o exemplo anônimo sobre

Jozefinha, pois em ambos os autores a rudeza da ocupação se transfere para a descrição da mulher, embora essa rudeza não constitua empecilho para o amor do eu lírico. Nesses romances, composições populares que expõem temas "leves", Fonseca Soares explora as imagens das mulheres, algumas vezes em comparação com suas atitudes:

> De quando em quando *na pedra*
> *A esfrega* e pouco lhe basta
> Que a cachopa é desdenhosa
> *Esfrega* em quatro palavras

> *Na* mesma *pedra batendo*
> E quando *batendo estava*
> Em que *na pedra batesse*
> *Parece que bata n'alma* (romance 22)

Esfregar e bater na pedra supõe a ação da lavadeira, à qual se junta a rudeza da atitude, com a similitude que se estabelece entre bater na pedra e bater na alma. Esse é um exemplo bastante corriqueiro da expressão do sofrimento amoroso, que pode estar expresso em outras situações. A segunda estrofe exemplificada desenvolve a proposição da primeira, na qual as quatro palavras são alinhadas: batendo (pedra), batendo (estava), batesse (a pedra), bata (n'alma).

Em termos de *expressão do sofrimento amoroso* pela mulher, Fonseca Soares explora recursos retóricos e poéticos anteriormente tratados, nos quais exemplificamos as construções que mais se relacionam com uma expressão seiscentista. Podem se dar por intermédio da exploração de algumas figuras de pensamento e expressão:

> *Se acabar* cruel *com uma alma*
> É Senhora nosso intento
> Sem malograres *as flechas*
> Conseguireis os intentos (romance 96)

40 CARLOS EDUARDO MENDES DE MORAES (ORG.)

A flecha, enquanto objeto de ataque (aqui menos o símbolo fálico) tende a atingir o corpo. No entanto, numa relação de metonímia, atinge a alma, pois o sofrimento está além do corpo. Por se dar no espírito, é mais pungente que o sofrimento causado pela dor física.

Em última instância, *as menções a personagens pastoris e mitológicas* figuram como forma de demonstração de que, apesar da opção pela linguagem popular, Fonseca Soares se insere no meio letrado e conhece os elementos e os lugares de demonstração de sua erudição, expressando-se na linguagem de conhecimento de um universo clássico. Isso significa, no estatuto dos letrados do seiscentismo, condição *sine qua non* para o reconhecimento:

Já pois que és *Dáfne* no esquivo
E és *Anaxarte* no isento
Como Ífis, como Apolo
Lauro te compreende pedra (romance 60, grifo nosso)

Em uma estrofe, Fonseca Soares condensa as qualidades de resistência que pretende atribuir à personagem feminina do romance: Dáfne, esquiva ao ponto de trocar a humanidade pela condição de vegetal; ou Anaxarte, indiferente ao ponto de ser transformada em pedra. Ífis e Apolo, personagens mitológicas diretamente ligados às ações de desprezo dessas mulheres, são igualmente impedidos de amá-las e desprezados.

Pela extensão, muitas outras relações se podem estabelecer entre os romances de Antônio da Fonseca Soares e a caracterização das mulheres de sua obra. Contudo, a demonstração que aqui fazemos serve como amostra da importância do ponto de vista expresso pelo poeta na construção de seu universo de relação com suas personagens, por um lado, e, por outro, de pertinência e adequação aos pensamentos mormente vigentes entre os poetas e letrados do seiscentismo e da primeira metade do Setecentos na expressão lírica lusófona.

Conclusão

O objeto da pesquisa a respeito dos romances de Antônio da Fonseca Soares é a mulher, representada em certa amplitude de ocorrências no manuscrito 2998 da Sala de Reservados da Biblioteca Geral da Universidade de Coimbra. Fonseca Soares é um poeta que explora possibilidades de construção da figura feminina, mostrando como, sob o ponto de vista dessa poética, a mulher é rica matéria para a poesia de seu tempo. Utilizando-se do vocativo, das figuras de linguagem, dos temas triviais e da retórica associada às poéticas em vigência no seu século, o autor explora a temática feminina. Faz isso apropriando-se dos catálogos para atualizá-los na constituição do seu repertório, por intermédio do engenho, da arte e da emulação em sua obra.

Como última consideração, cabe demonstrar o equilíbrio que o poeta estabelece entre uma expressão popular, explorada na caracterização das personagens, na escolha vocabular, na simplicidade dos temas e na capacidade de compreensão posta a serviço de seus versos, os quais são adequadamente expressos na forma poemática do romance. Essa seleção, entretanto, não o coloca na condição de um poeta menor, uma vez que o repertório provém de um catálogo reconhecidamente explorado por poetas de envergadura e que, da mesma maneira, exploram-no segundo critérios bastante parelhos. A obra secular de Antônio da Fonseca Soares, nesse aspecto, não se diminui diante de sua obra religiosa ou de sua parenética. Associação de dois mundos distintos das belas letras, a saber, a expressão religiosa e a expressão mundana, são universos perfeitamente controlados pelo autor, cuja obra, nesses termos, não pode ser avaliada somente por uma de suas opções de escritura.

3
O SANTO ERÓTICO

Gelise Alfena

O poeta e a poética do Barroco

Assim como não é possível retratarmos no período Barroco sátiras sem mencionar Gregório de Matos ou sermões sem fazer alusão à obra do padre Antônio Vieira, não se concebe falarmos da obra de Antônio da Fonseca Soares sem destacarmos o alto grau de elementos eróticos que a compõem.

Neste capítulo, particularmente, elencaremos e analisaremos aspectos que nos fazem entender alguns versos de Fonseca Soares como dotados de caráter predominantemente erótico, traçando, assim, um recorte na sua vasta relação de romances. Selecionaremos desses romances os aspectos marcantes de *uma ambiguidade*, que ora sugere meras alusões religiosas ao sagrado, à Bíblia, ora os associa ao profano e ao erótico.[1] Contudo, inicialmente, serão feitas algumas considerações gerais acerca do Barroco, relacionando-as a fragmentos da obra do autor em estudo.

---

1 O vocábulo erótico origina-se do latim *eroticus*, uma derivação do grego *erotikós*, que originou o substantivo abstrato erotismo, ou seja, aquilo que provoca amor ou desejo sexual.

44 CARLOS EDUARDO MENDES DE MORAES (ORG.)

Pode-se dizer que seiscentismo ou Barroco são os termos utilizados para designar as manifestações artísticas ocorridas entre o final do século XVI e início do XVIII na literatura e em outras artes, e representam o reflexo de um período de grande angústia.

Estabelecido que o Barroco é um fenômeno artístico cronologicamente delimitado, podemos ir em busca de sua gênese. Ele remonta a meados do século XVI, enraizando-se na crise espiritual, moral e cultural desencadeada pelo progresso, mas também [na] decomposição dos valores da Renascença. (Silveira, 1986, p.9)

Em resumo, era o empenho no sentido de conciliar o claro e o escuro, a matéria e o espírito, a luz e a sombra, visando a anular pela unificação a dualidade do ser humano, dividido entre os apelos do corpo e da alma. (Moisés, 1999, p.73)

O período redunda em crises espiritual, moral e cultural, oriundas da decomposição de valores Renascentistas e do progresso científico pelo qual a Europa passava. Emerge em torno do conflito acerca do conhecimento de duas realidades plenamente antagônicas, a saber, de um lado, o desenvolvimento das ciências e, do outro, o fanatismo religioso, que se refletiam nos pensamentos, condutas e produções intelectuais.

Na poesia, em especial, todo esse sentimento é mostrado por meio de acrobacias sintáticas e pelo uso abusivo de "figuras de choque" ou impróprias, no dizer de Aristóteles, tais como metáforas, antíteses, paradoxos, metonímias, hipérboles, entre outras, principais responsáveis pelo efeito do exagero.

O eu lírico de Antônio da Fonseca Soares, ao utilizar-se de todos esses recursos, mostrou-se, segundo Maria de Lourdes Belchior Pontes (1953), um homem além do seu tempo sem deixar, no entanto, de ser tipicamente Barroco, angustiado por seus sentimentos antagônicos, como pode ser observado nas primeiras estrofes dos romances 73 e 38, respectivamente:

Por meus pecados fui hoje
Ver a Deus a Vidigueira
Pois para escapar de uns olhos
Já me não valeu a Igreja (romance 73)

Filis entre dois extremos
o meu coração se enleia
um que pede à vontade
outro que manda a obediência[2] (romance 38)

Procurava imitar os modelos em voga a fim de encontrar a perfeição da criação. No entanto, mais do que simplesmente imitá-los, procurava superá-los estilisticamente e, para isso, ornava com o recurso de algumas "acrobacias mentais". Vejamos as palavras de Silveira (1987, p.21):

Assim o superava a partir da hipertrofia do pensar formal (Conceptismo) e da hipertrofia da representação sensível (Cultismo). Sendo este último totalmente influenciado por Góngora, incomparável no engenho, capaz de encontrar e revelar as semelhanças nas dessemelhanças, e relações e analogias ocultas entre os elementos mais diversos, hiperbolizando a realidade.

Essas vertentes do Barroco, cultismo e conceptismo, foram assim nomeadas para explicar os jogos de palavras e ideias encontrados em muitos poemas do período. O apelo ao labiríntico criado pelos significantes fascinou vários poetas, entre eles Gregório de Matos, que, muitas vezes, se utilizou desses elementos, a fim de submeter o leitor ao jogo das palavras, que deram à sua expressão poética um caráter de estética da abundância, do exagero e também do apelo visual.

---

2 Ambas as estrofes, além de demonstrar essa dualidade barroca, trazem um léxico de caráter extremamente sexual, o que será observado recorrentemente nos outros excertos ao longo deste capítulo.

46 CARLOS EDUARDO MENDES DE MORAES (ORG.)

No que tange especificamente ao cultismo, podemos afirmar que seus efeitos se produziam por meio de circunlóquios, tirando o foco da ideia central, levando o observador a enveredar por círculos concêntricos de um caminho inesperado.

Entre diversas matérias exploradas, a expressão do erotismo se fazia pictórica ou imagética na maneira surpreendente de expressão. As palavras empregavam-se, portanto, num jogo sensual de flerte com o leitor, acrescidas dos usos impróprios de vocábulos que se associavam entre si, criando novos significados. A própria ideia do culto à palavra e à forma de versificação denunciava um vínculo (quase) conjugal entre uma estética que expunha a força criadora da poesia a um significado interno do texto (ou do verso) e outra que se expressava pela ideia subentendida nas entrelinhas do jogo cultista.

É válido lembrar, ainda, que a vertente culteranista não estava desvinculada dos bifrontismos e polarizações encontrados ao longo da tendência barroca: céu/inferno; vida/morte; pecado/perdão; sacro/profano; virgem/devassa. Esses antagonismos se dão no plano sensível dos significantes que brotam aos nossos olhos, o que pode ser visto na obra de Fonseca Soares.

De acordo com Silveira (1987, p.24):

> Expressão literária dessa polaridade básica mostram-se o Culteranismo e o Conceptismo. Se o primeiro, por meio de sua linguagem policrônica e da envolvente tessitura sonora do verso, corresponde ao lado terreno e sensual do homem, o conceptismo procura atender à inteligência, à agudeza, ao espírito.

Se a vertente culteranista correspondia ao "lado terreno e sensual do homem", essa tendência é o espelho do Barroco, pois existe em função da oposição com a estética conceptista. Fecha-se, assim, em mais um antagonismo do Barroco. Este, porém, no plano dos significantes. Talvez por ser uma linguagem polifônica, apresentada na forma sensível do significante, portanto mais concreta e sonora para o leitor, a estética culteranista envolvia os "espectadores" do poema, criando, assim, um vínculo com uma expressão "policromática".

Utiliza-se aqui o termo espectador, pois a forma poética culteranista apresenta apelo visual intenso. Assim, os leitores se convertem em espectadores de um espetáculo linguístico que se passa diante de seus olhos. Sob esse ponto de vista, o poema, não só no Barroco, figura como um quadro que deverá ser contemplado e interpretado.

Tal sensação pode ser corroborada, por exemplo, na 12ª estrofe do romance 54, em que o substantivo "neve" (v.3) pode sugerir: a) a distância (pela falta de calor que o espaço propicia), b) a frieza (pela resistência em dar ao eu lírico aquilo que é tão perseguido ou almejado), c) a pele alva de Santinha, a mulher desejada.

> Olhai para o pobrezinho
> Do meu coração que agora
> Das migalhas dessa neve
> Vos pede humilde uma esmola

O termo espectador se justifica no seu excesso de visualidade, mas que não revela seus significados de imediato, exigindo do leitor/espectador uma atitude contemplativa semelhante às daqueles que esperam o desenrolar de um suspense numa peça de teatro.

O conceptismo, podemos dizer, apresenta-se como uma influência do gongorismo responsável pelo jogo que se faz com as ideias dentro de um poema. O cultismo encontra-se voltado para o encanto dos sentidos, sobrecarregado de elementos ornamentais, dedicados ao desdobramento vertiginoso das metáforas que, raras, precisas ou estranhas, visam ao pasmo e ao deslumbramento do leitor. O conceptismo, por sua vez, objetiva o deleite do espírito e da inteligência, ancorado na sutileza e na engenhosidade com que explora uma ideia ou proposição, extraindo imprevistos e surpreendentes paradoxos (Martins, 1992, p.131). Vejamos a sexta estrofe do romance 32:

> que deleite ai que pena
> ora gozo, ora padeço
> o deleite por que o vi
> a pena por que o não vejo

O período no qual Fonseca Soares escreveu esses poemas é conhecido como a primeira fase de sua vida, marcada pela sua produção secular e dominada pelos sentidos e gozos das coisas materiais.

As mulheres do poeta Antônio da Fonseca Soares

Levando-se em consideração que este capítulo abordará a questão do erotismo nos romances de Fonseca Soares, torna-se imprescindível falar sobre o modo como a mulher é descrita pelo Barroco, já que esta é a figura principal em torno da qual se desenvolve esse tema.

Antônio da Fonseca Soares cantou muitas mulheres, entre as quais suas freiras para as quais não economizava versos. Ora eram retratadas como mulheres angelicais, ora como demoníacas; seus nomes oscilavam entre os pastoris e os usuais do ambiente humilde da vida provinciana:

Meu bem minha *Jozefinha* (romance 57, grifo nosso)
Lizis pois de meus Suspiros (romance 47, grifo nosso)
Alerta flores que *Fílis* (romance 8, grifo nosso)
Nisto viu que a bela *Nize* (romance 58, grifo nosso)
Mil parabéns bela *Clori* (romance 61, grifo nosso)
Não sei querida *Amarílis* (romance 64, grifo nosso)
É possível *Maricota* (romance 45, grifo nosso)
Margarida dos meus olhos (romance 51, grifo nosso)

A mulher fonsequiana é sempre retratada como um misto de anjo e demônio, uma figura enigmática e perigosa, contudo, erotizada e sexualmente desejada, como podemos ver na sexta estrofe do romance 43:

Se ainda assim sou endiabrado
dizei com que se conhece
pela pele do diabo
quem já diabo vos mete

EROTISMO E RELIGIOSIDADE 49

Ao falarmos dessa mulher, do seu erotismo e da sua capacidade de seduzir e enganar a partir dos seus dotes naturais e da sua beleza, devemos evocar a figura de padre Antônio Vieira que, como ninguém, pintou artimanhas e ardis em torno da mulher barroca. De acordo com Hatherley (apud Franco, 2007, p.5), ao depararmos com a figura feminina na cultura ocidental, percebemos dois paradigmas extremos: a mulher redentora e a tentadora. O que pode ser observado tanto em Vieira quanto em Fonseca Soares:

> O grande pregador português do período barroco revela ser um homem do seu tempo no que respeita à mentalidade que informa a sua percepção da mulher; tendo, porém, o mérito de exprimir a cultura dominante em torno da condição feminina em quadros de extraordinária beleza literária. Apesar de tudo, assiste-se em Vieira a um leve despertar, embora quase imperceptível, de alguma consciência crítica perante alguns dos muitos preconceitos que condicionavam leituras e juízos apriorísticos do desempenho das mulheres comuns [...]. (Franco, p.5-6, 2007)

Há uma visão paradoxal, pois se de um lado temos a representação da mulher pura, cujo expoente é a figura cristã de Maria Imaculada, a única capaz dos atos mais nobres para demonstrar seus sentimentos mais puros e inimagináveis em relação aos seus semelhantes, do outro, temos a figura da mulher maculada, aquela que pode perturbar a harmonia interior e/ou social.[3] Essa questão pode ser vista na quinta estrofe do romance 14:

A senhora sua dona
É por certo uma *boa alma*
Metida com dois ladrões
Já na *mesa* já na *cama* (grifos nossos)

---

3 Veja como o paradigma bíblico da mulher tentadora/pecadora tem como arquétipo a figura de Eva. De acordo com o livro do *Gênesis*, pior do que ter-se deixado seduzir pela serpente e ter comido o fruto proibido, é também tê-lo dado a Adão. Em outras palavras, subtende-se que o pecado de Adão foi cometido, porque Eva o tentou a cometê-lo (FRANCO, p.8).

50 CARLOS EDUARDO MENDES DE MORAES (ORG.)

De acordo com Hansen (1989, p.331):

Marcada originalmente como /negativo/, porque dupla, a classe "mulher" é conatural às subdivisões da mesma falha constitutiva: "Honesta"/"desonesta": "A mulher fonte de enganos / por melhor aproveitar-se / começa hoje a desonrar-se, / e acaba de hoje a dez anos" (OC, V, p.1248). De todo o modo, potencial e atualmente, é sempre Eva a mulher: "Eva falta, e Eva mente, / e tem-me enganado enfim, / com o que a Eva para mim / é pior que uma serpente".

Assim também se apresenta a mulher na obra de Fonseca Soares: meiga, pura e sensual, ambígua por natureza (tanto quanto seus poemas) e, acima de tudo, perigosa. Essa mulher, que pode provocar os maiores desastres na humanidade, é recorrente na literatura da época, mesmo ao nos lembrarmos das religiosas. Vejamos o trecho retirado da quinta estrofe do romance 4:

A roca que traz na cinta
É uma espada a matar
Quem faz espada da Roca
de que espada não fará?

Mesmo as religiosas enquadram-se nesse perfil. É do conhecimento de todos que "os conventos ardiam em corrupção de galanterias, a que raras almas resistiam. A tentação ia de fora para o interior dos conventos, e vinha do interior dos conventos para fora" (Pimentel, 1889, p.16,). Em outras palavras, mesmo entre as "resguardadas" dos conventos, as chamadas "esposas de Cristo", haviam aquelas que não seguiam uma vida reta, longe da devassidão.

[...] A toda hora do dia e da noite apenas se ouviam no claustro cantigas e modas profanas. Nos vãos dos oratórios lateraes do côro, convertidos em botequins, juntavam-se s freiras, comiam, conversavam, riam encobertas, por uma cortina. O palratório nunca estava vasio. *Então se quebraram de fora algumas das duas pontas de ferro, que faltam na grade; e na lamina de cobre abriu-se um buraco tal, como ainda hoje o mostra o remendo, que depois se lhe pregou.* [...]. (ibidem, p.19)

Outra noviça, que tinha a irmã no convento, respondeu: eu não gostava, mas a mana dizia-me que isto cá dentro era melhor do que se cuida lá fora, por haver maior liberdade. Peior que tudo, diz sóror Anna Maria, foi outra (noviça) que veio ser causa de duas mortes, e cobriu de lucto estas paredes. Só as velhas praticavam a virtude; por isso a sincera chronista lhes chama <<relíquias preciosas da creação antiga.>> Mas as noviças, por sua vez, chamavam-lhes <<velhas tontas>>. (ibidem, p.19)

Percebemos que o eu lírico fonsequiano expressava uma série de dualidades peculiares ao homem seiscentista. Seus romances transmitem uma visão do homem barroco, oprimido pelos ideais difundidos pela Igreja Católica, conservadora, ditadora de regras e controladora da vida dos cidadãos, mas que, ainda assim, não conseguiu inibir tamanho estro.

Os temas principais e preferidos do Barroco são encontrados exatamente no poeta lírico, religioso e amoroso, debaixo de tratamento adequado, traduzindo ao mesmo tempo acentuada influência espanhola. Abrangem desde o sentimento de desengano, que arrasta, paradoxalmente o *carpe diem* horaciano e a renúncia aos prazeres, com o arrependimento e a volta para Deus, para os valores espirituais, até as atitudes correlacionadas com aquele sentimento, a saber: a que exprime a transitoriedade de certos valores de natureza física, como a beleza e a formosura; a brevidade enganosa da vida, a ambição humana, em que entram frequentemente certos motivos, símbolos, ou termos de comparação, como por exemplo flores, ruínas, etc. São desenvolvidos através de uma poesia religiosa ou de um sentimento religioso, sob a presença da morte, e da poesia amorosa em que o culto da divinização da mulher, embora

52 CARLOS EDUARDO MENDES DE MORAES (ORG.)

ainda considerada esquiva, cede lugar ou se concilia com solicitações ao prazer do amor. E tudo se desenvolve sob processos técnicos e expressivos, frequentemente artificiosos, que caracterizam o estilo barroco. (Castello, 1962, p.76-7)

Fonseca Soares utilizou-se recorrentemente de figuras de linguagem como hipérboles e antíteses, entre outras, as quais expressaram o sentimento de conflito interno vivido por um eu lírico embebido de sentimento tipicamente Barroco. Sua obra buscou inspiração na poesia de Horácio e de Ovídio, assim como na poética de Aristóteles, pelas fortes influências da literatura clássica antiga, mormente a sensualidade ovidiana.[4] O eu lírico fonsequiano, assim como em Ovídio, mostrou-se erótico. Fonseca Soares e seus contemporâneos achavam-se sob os "olhos" de uma censura baseada no Concílio de Trento. No entanto, o poeta conseguiu mostrar-se religioso, mesmo ao cantar seus amores e experiências.

---

4 Públio Ovídio Nasão nasceu em 43 a.C. em Sulmo, atual Sulmona, Itália. Atraiu-se pelas musas, particularmente pela poesia, mesmo com a oposição de seu pai que afirmava que a poesia não possuía fins práticos, e a fim de sustentar seu argumento, apoiava-se no fato de Homero ter morrido pobre, e dessa maneira tentava persuadir seu filho para que não se tornasse um poeta. Apesar dessa oposição, Ovídio insistia em defender a ideia de que sua eloquência consistia em um dom natural: *Et quod temptabam dicere versos erat* (Tudo que digo sai em verso). Um poeta nobre e espontâneo que não se deixou ofuscar pela genialidade, mesmo nas produções licenciosas. Soube lidar com a língua como senhor e dono da forma, similarmente a um escultor que lapida a matéria-prima até chegar na sua escultura. Foi um verdadeiro artífice, poderíamos até afirmar que foi um parnasiano na forma e um romântico na expressão (Ovídio, 2005, p.20). Seu estilo de abusar das figuras de linguagem tornou-lhe um anunciador do Barroco. Ninguém como ele soube se servir dos recursos pictóricos para potencializar o conteúdo de um vocábulo ou a disposição dos termos, arrancando, com pura arte, os mais inesperados efeitos de luz e sombra (ibidem, p.20). Assim, escreveu poesias eróticas até os 40 anos, depois desse período, dedicou-se a escrever *As Metamorfoses*, poema redigido em hexassílabos, constituído de quinze livros, obra que fez que Ovídio nos legasse o maior poema produzido na antiguidade (ibidem, p.14).

EROTISMO E RELIGIOSIDADE   **53**

O Concílio de Trento reforçou o poder do papa, criou o *Index*, relação de livros proibidos à leitura dos cristãos, eliminou a comunhão de ambos os tipos (pão e vinho), mantendo apenas a comunhão do pão. Obrigou também os bispos a residirem em suas sedes, conservou os sete sacramentos, reforçou o Tribunal do Santo Ofício (Inquisição), afirmou que somente a Igreja podia interpretar a Escritura e fixou regras para a formação e a vida dos padres (seminários) e dos regulares (clausura). (Spina, 1995, p.63)

O contexto histórico-cultural repressor do mundo barroco fez produzir uma linguagem fortemente conotativa a partir do desenvolvimento de rodeios, circunlóquios, de um lado, e de contradições de expressão que permitiam unir extremos capazes de conciliar a evocação mitológica e/ou aspectos eminentemente sexuais à extrema religiosidade cristã, de outro:

Abrangem desde o sentimento de desengano, que arrasta, paradoxalmente, o *carpe diem* horaciano e a renúncia aos prazeres, como arrependimento e a volta para Deus, para os valores espirituais, até as atitudes correlacionadas com aquele sentimento, a saber: a que exprime a transitoriedade de certos valores de natureza física, como a beleza e a formosura; a brevidade enganosa da vida, a ambição humana, em que entram frequentemente certos motivos, símbolos ou termos de comparação, como por exemplo flores, ruínas, etc. São desenvolvidos através de uma poesia religiosa ou de sentimento religioso, sob a presença da morte, e da poesia amorosa em que o culto da divinização da mulher, embora ainda considerada esquiva, cede lugar ou se concilia com solicitações ao prazer do amor. E tudo se desenvolve sobre processos técnicos e expressivos, frequentemente artificiosos, que caracterizam o estilo barroco. (Castello, 1972, p.77)

Vejamos uma estrofe, retirada do romance 11, com seu léxico que nada tem de religioso:

Vede lá quem Vênus foi,
E quem foi Marte adverti
Ela uma *puta safada*
Ele um pobre espadachim

Entre uns cornos vos geraram
E quando mais presumis
Tendes por princípio um corno
De vossa fama clarim

No romance 19, na primeira estrofe, utiliza-se de um vocativo enaltecedor ao dirigir-se à responsável pela mudança do sentimento, "Bela Brites" (v. 1). Na mesma estrofe, ao utilizar o substantivo "olhos", remete à representação do ser humano, como forma de revelar o íntimo de cada um. Dessa maneira, institui-se o espelho da alma, que embora reflita um quadro religioso de sentimentos recatados e comprometidos com a liturgia, remete, pela comparação, aos desejos mais íntimos, no caso, a ânsia de rever "Bela Brites". Além disso, os olhos são capazes de refletir a imagem de quem é observado, como se realmente fossem espelhos que refletem o "eu" e o "outro". Eles representam o início de todo envolvimento emocional e carnal, já que primeiro os amantes se olham, depois se beijam e depois se "entrelaçam".

Bela Brites dos meus olhos
Tão formosa, como ingrata,
Que é muito próprio da beleza
O atributo de tirania

No romance 24, na 11ª estrofe, observarmos que o verbo "ressuscitar", grafado com letra maiúscula (v. 4), possivelmente tenha sido utilizado com o intuito de personificar a ressurreição, no sentido de que a mulher é a própria ressurreição. Além de remeter à ressurreição, dentro do paradigma cristão, pode-se afirmar que fica explícito que somente Thereza possui "meios" para fazê-lo "morrer" e "ressuscitar",[5] o eu lírico está em suas mãos. Ressuscitar, nessa estrofe, remete também à possibilidade de se fazer sexo uma segunda vez:

> Sem razão hoje me queixo
> Mas temo tanto perigo,
> Que o temor dele me mata,
> Porém logo Ressuscita.

O mesmo vocábulo pode ser identificado na quinta estrofe do romance 19, grafado da mesma maneira, embora sugerindo, aqui, a retomada da vida sexual depois de algum tempo:

> Ressuscitou o meu gosto
> Que já sepultado andava
> No profundo da saudade,
> E nos abismos da mágoa

Diversas vezes coexiste a construção do religioso com o erótico, como nas estrofes 3 e 4 do romance 54:

> Sabe o Céu com quantas ânsias
> Nos ermos da minha alcova
> De não guardar essas regras
> Fez penitência a memória

> Mas hoje que hei de ir a vos ver
> Anda a minha alma tão doida.
> Que com ser toda cartuxa
> Se vai saindo das conchas.

---

5 Há grande conotação sexual no desfecho do poema, a "morte" *versus* a "vida" que só a mulher desejada é capaz de "lhe dar". A morte sugere o orgasmo, enquanto a ressurreição sugere a retomada do embate amoroso. Remetendo aos clássicos latinos, a mesma figura se encontra no episódio amoroso de Circe e Polieno, vivido pelo personagem Encolpius no *Satyricon* de Petrônio.

56   CARLOS EDUARDO MENDES DE MORAES (ORG.)

Na terceira estrofe, o eu lírico trabalha na esfera do sentimento religioso, ao afirmar que só Deus e os santos "o Céu" são capazes de saber o quanto pensa na mulher em seu retiro, tanto religioso, quanto de abstinência sexual. Com essa afirmação, cria um novo conflito, pois o propósito de seu recolhimento físico e espiritual, sua entrega a Deus, não foram concretizados, uma vez que Santinha sempre esteve viva em sua lembrança. Percebemos claramente como a temática barroca das incertezas e dos conflitos internos emerge nesse trecho do poema. Deveria ele servir a Deus ou viver uma vida ao lado da mulher "desejada"?

Outro aspecto antitético pode ser observado no fato de a "Santinha" revelar-se não tão santa como parecia, por possuir um lado (des)conhecido. O nome se opõe à atitude, muito diferente daquela "Santinha" evocada nas "novas" da primeira estrofe. Nessa estrofe, efetiva-se, pois, a ironia em relação à mulher retratada por Fonseca Soares.

Ainda na terceira estrofe do poema, o eu lírico se descreve como um homem solitário que, em sua alcova, sente "ânsias" em rever a mulher desejada, remetendo, por meio da ideia de sentimento, ao desejo carnal. Essa materialização do pensamento, oposta à estrofe anterior, consolida a noção de que somente sua memória fez penitência. Esperava-se que o corpo também a fizesse durante a separação de Santinha, entretanto aqui se sugere o contrário. Outra forma de se chegar à mesma constatação está na afirmação que somente os céus sabem que realmente não foi capaz "de obedecer às regras": é a erupção desse "desejo", revelada pelas *lembranças* de Santinha. A linguagem pressupõe, assim, a autossatisfação, o onanismo, a quiromania,[6] enfim, a masturbação.

Ao analisarmos o vocábulo "cartuxa"[7] (v. 3), na quarta estrofe, constatamos que o eu lírico mostra uma mistura de solidão e vida

---

6 Onã era um personagem bíblico que praticava coitos interrompidos, +ismo. Automasturbação manual masculina, quiromania (Ferreira, 1999, p.1444).

7 A Cartuxa era uma ordem religiosa fundada por são Bruno no século XI, que consistia em um misto de solidão e vida incomum. Provavelmente, Fonseca era membro dessa ordem religiosa na época em que escreveu esse poema.

incomum, dedicada à sua ordem religiosa. Portanto, as notícias inesperadas acerca da mulher desejada sugerem a possibilidade de um reencontro, como se representassem sua saída do estado de isolamento; a abertura da "concha" (v. 4). Chama-nos a atenção, nessa estrofe, a prática do *ut pictura poesis* horaciano,[8] quando se forma diante de nossos olhos a imagem da concha que se abre e liberta a "alma" do eu lírico. Podemos observar a forte oposição entre ideias. Inicialmente, visualizamos a alma que deixa a "concha", metáfora para o fim da prisão e do isolamento. Em oposição, sugere-se, pela ansiedade do encontro e pelas características da "amada", o órgão sexual masculino penetrando a "concha" (órgão sexual feminino),[9] como a imagem de algo que deixa, e ao mesmo tempo de algo que "chega".

Assim como acontece com seus coevos, o eu lírico fonsequiano revela, pinta e constrói sentimentos a partir de um domínio da técnica, o qual reflete a essência da poética barroca (se assim podemos chamar): a combinação do engenho com a agudeza.

O erotismo sugerido por outros recursos

É notório o fato de o século XVII ter sido um período caracterizado por forças antagônicas, as quais dividiam o homem, de modo geral, entre a necessidade de obter a salvação e desfrutar dos prazeres terrenos, e isso não foi diferente para Antônio da Fonseca Soares. Muitas vezes, os instintos naturais e carnais humanos sobrepõem-se à razão. Vejamos o trecho retirado da primeira estrofe do romance 38:

---

8 De acordo com Horácio (1984, p.109) "A imagem da pintura comparada à poesia é muito frequente na antiguidade. Basta lembrar um símile congênere em Plutarco [...] que nos diz 'ser a pintura poesia calada e a poesia pintura que fala'".

9 Vale lembrar que mesmo nos dias atuais o vocábulo "concha", em Portugal, pode referir-se ao órgão sexual feminino.

Fílis entre dois extremos
o meu coração se enleia
um que pede a vontade
outro que manda a obediência

Voltando ao romance 54, quinta estrofe, o "touro", símbolo de força e de masculinidade, surge no embate com os pensamentos, propicia um conflito em sua condição mais primária – "temo dar--me o miolo uma volta". É a oposição entre a manifestação do desejo e da racionalidade tipicamente barroca.

É tal gosto que tenho
Que crede que nesta hora
Nas voltas do touro temo
Dar-me o miolo uma volta (romance 54)

Já na sétima estrofe há um nítido jogo de provocações: Santinha se aproxima e se distancia, ao passo que o eu lírico, homem "recatado", queixa-se dessas "provocações" e das possíveis consequências. Assim como existe o jogo da provocação, o mesmo jogo pode se traduzir num movimento de interpretação primária, que é o próprio movimento do ato sexual de ir e vir, no qual Santinha assume a dianteira pela sua experiência e incomoda o comportamento ambíguo do homem de pensamentos cristãos e atitudes masculinas, sugerindo, assim, que o mesmo movimento corporal atribuído a Santinha seja praticado mentalmente pela dúvida entre o fazer ou o não fazer do eu lírico.

Sou no amar-vos um santinho
E vós muito fogosa
Lá na vossa zombaria
Jogais comigo a choca (romance 54)

No romance 43, na quinta estrofe, ver-se-á forte conotação sexual na imagem da bainha como vagina[10] e da espada como um falo.

---

10 Tal como o vocábulo provém do latim: vaginam>bainha.

EROTISMO E RELIGIOSIDADE   **59**

Vale ainda ressaltar o desrespeito dessa figura aos ensinamentos cristãos, pois a verdadeira cristã não desobedece a nenhum mandamento, principalmente o que prega "não matar". A estrutura dialógica é, na obra de Fonseca Soares, uma forma de iludir o leitor e conferir aos poemas um tom de lamento e de jogo entre pensamento e conversa, efeito que fazia que os versos assumissem diferentes significados:

> Mas de querer me matar-me
> quem não fará conjecturas
> se dardes esta bainha
> foi por ter a espada nua (romance 43)

O culto à palavra e à forma denunciava o vínculo entre uma estética criadora e um significado subentendido nas entrelinhas do jogo visual.

A beleza da mulher é o elemento principal ao levarmos em conta a questão do erotismo, uma vez que é ela a responsável por seduzir e cegar o homem, fazendo que os instintos naturais sobreponham--se à razão. Pode-se observar essa afirmação na seguinte estrofe do romance 38:

> Manda a obediência prostrada
> a impérios dessa Beleza
> que pense mas que o não diga,
> que ame, mas que o não escreva

A ambiguidade da poesia, em oposição à prosa, que torna o discurso enriquecido pela polissemia. O verbo fiar, presente no romance 43 de Fonseca Soares, retrata essa questão, pois da mesma forma que alude a um ofício feminino, alude ao ato sexual.

A poesia se define pela ambiguidade em oposição à prosa literária que se constrange a fugir dela. A ambiguidade da poesia não

60 CARLOS EDUARDO MENDES DE MORAES (ORG.)

provoca mal-entendidos, pelo contrário, traz ao discurso abertura e polissemia. (Horácio apud Tringali, 1998, p.183)

A sensualidade torna-se marcante na terceira estrofe do romance. A linguagem possibilita esse efeito, ao descrever metaforicamente o amanhecer que exalta a figura feminina: "Aurora se estava rindo" (v.1). A personificação da aurora pode ser vista nessa estrofe, ao lado do *ut pictura poesis*, que confere à imagem esse tom de sensualidade na descrição do corpo feminino. É como se estivéssemos diante de um quadro de uma mulher despida, envolta somente por um lençol (representado pelo "linho" metonímico).

> Aurora se estava rindo
> de ver a moda em que está
> toda aplicada a Linho (romance 43)

No mesmo romance, o verbo "fiar", inicialmente com um caráter denotativo – o "ato de reduzir a fio" –, assume um caráter conotativo e alude ao ato sexual. Já na quarta e quinta estrofes, respectivamente, o poeta descreve o ato sexual propriamente dito por meio das abundantes metáforas barrocas que lhe são muito próprias. A quarta estrofe também possui traços que trazem ambiguidade semântica. A primeira interpretação é que aquela mulher provoca a todos durante o tempo em que fia, o que faz que todos desconfiem dela e da sua capacidade de fiar. Contudo, outra interpretação possível está no jogo de palavras feito no primeiro verso: "Desafia em quanto fia", o que nos remete aos movimentos realizados durante o ato sexual, como se as palavras representassem ações sincronizadas,[11] que se intensificam a partir da aliteração do fonema "f".

> Desafia em quanto fia
> todo mundo em geral
> e geralmente enfiando
> faz todos desconfiar

---

11 O uso do verbo "fiar" com essa conotação é recorrente na obra de Fonseca.

EROTISMO E RELIGIOSIDADE **61**

A roca que traz na cinta
é uma espada a matar
Quem faz espada da Roca
de que espada não fará? (romance 43)

O eu lírico "brinca" com as palavras, utilizando-se do quiasmo, um recurso estilístico assaz utilizado por autores do século XVII e pelas academias do século XVIII, que consiste na disposição cruzada dos termos proporcionando um efeito surpreendente no poema: "Quem faz espada da Roca de que espada não fará?" (vs. 3 e 4). Há uma inversão no plano dos significantes que se reflete no plano dos significados, recurso amplamente utilizado por Fonseca Soares. A cada estrofe, o eu lírico revela uma informação sobre Antoninha, como se estivesse realmente tecendo linha por linha até formar um único fio, nesse caso o poema. Faz-se presente, novamente, o *ut pictura poesis*.

Conclusão

Em síntese, constatamos que Antônio da Fonseca Soares, além de conhecedor da Antiguidade Clássica, possuía o perfil delineado por Horácio em sua poética, pois consegue, a cada estrofe, unir seu engenho/talento (*ingenium*) à sua arte/técnica (*ars*). Nosso autor vai muito além dos excertos aqui comentados. Há muito para se desvendar sobre quem foi e o que escreveu, e pelo recorte que aqui apresentamos, no que tange à riqueza retórico-poética existente em seus versos.

A mulher, a religião e o erotismo, três elementos pouco conciliáveis em conjunto, figuram em sua obra como jogo de tensão permanente, no qual dois são possíveis de se realizar, mas um terceiro faz a função de ponto de desequilíbrio, permitindo, pela sua intrusão, a produção de figuras e imagens bastante próprias do Barroco.

Como elementos de ornato, completa-se o quadro com as alusões, citações e remissões ao universo da Antiguidade Clássica.

Os pensamentos se tornam mais complexos, espirais e labirínticos quando transpostos para o papel. Todavia, o poeta o faz por meio de vocábulos de certa simplicidade, atestando, com essas escolhas, o decoro interno que se espera da seleção do romance como modo de expressão. Sua forma de composição atende, assim, aos fundamentos da poética do século XVII: uma composição em versos curtos, redondilhas maiores, de expressão popular, utilizada para temas líricos de cunho intimista.

4
A PRUDÊNCIA DAS PALAVRAS

André da Costa Lopes

Considerações iniciais

As manifestações poéticas do século XVII foram influenciadas essencialmente pelos manuais de poética e retórica antigos, período em que Aristóteles e Horácio foram muito difundidos por homens que eram artífices das palavras, os "letrados". Produziam-se, ao mesmo tempo, os tratados de agudeza escritos por preceptistas como Emanuel Tesauro e Baltazar Gracián, nos quais eram traçados preceitos para uma expressão ornada.

Antônio da Fonseca Soares está inserido em tal contexto, e sua obra, além desses referenciais de escrita, possui importantes referências históricas como a Contra Reforma, a sociedade de corte e, principalmente, um movimento de mudança na perspectiva da difusão da história em Portugal e em suas possessões. Tanto a Igreja Católica quanto a sociedade de corte deixaram enraizadas no espírito dos homens desse tempo fortes marcas ideológicas que influenciaram o estilo de escrita e a arte.

O princípio de mimese e as regras do decoro foram preceitos norteadores para a construção poética do século XVII. A matéria poética deveria ser devidamente adequada ao gênero, o qual ditaria

64 CARLOS EDUARDO MENDES DE MORAES (ORG.)

as regras para uso da expressão poética e, por conseguinte, a linguagem adequada.

Aristóteles, nome de referência entre os letrados do século XVII, valendo-se do conceito de mimese, declara que:

> Como aqueles que imitam pessoas em ação, estas são necessariamente ou boas ou más (pois os caracteres quase sempre se reduzem apenas a esses, baseando-se no vício ou na virtude a distinção do caráter), isto é, ou melhores do que somos ou piores, ou então tais e quais, como fazem os pintores; Polígono, por exemplo, melhorava os originais; Pausão os piorava; Dionísio pintava-os como eram. (Aristóteles; Horácio; Longino, 2005, p.20)

Para Aristóteles, o poeta inevitavelmente imita ações boas ou más e, consequentemente, envereda pelo universo do vício ou da virtude. Se dentro do tema escolhido houver a virtude, recairá sobre o poeta a responsabilidade de lidar com um assunto elevado. Nesse caso, caberá a ele escolher as expressões e o metro adequados a esse tipo de construção estética. Se, por outro lado, o tema tratar do vício, não poderá o poeta usar, em sua obra, construções que dizem respeito às obras elevadas, mas sim as que se desenvolvam segundo o gênero escolhido.

Por sua vez, Horácio observa que para construir uma verdadeira obra de arte, o poeta deve escolher a matéria (tema) "à altura de vossas forças" (Horácio, 1984, p.57) e "no arranjo das palavras deverás também ser sutil e cauteloso" (ibidem, p.59). Rosado Fernandes, tradutor da *Arte poética* horaciana, comenta que, ao se preocupar com o "arranjo das palavras", "Horácio começa a entrar na teoria da escolha de palavras, que propriamente é uma das partes da *dispositio* [...] e discute os preceitos que regulam a escolha das palavras em função do poema [...]". Desse modo, é pertinente citar uma passagem acerca desse tema retirada da arte poética horaciana:

> No arranjo das palavras deverás ser sutil e cauteloso e magnificamente dirás se, por engenhosa combinação, transformares em novi-

dades as palavras mais correntes. Se por ventura for necessário dar a conhecer coisas ignoradas, com vocábulos recém-criados, e formar palavras nunca ouvidas [...] podes fazê-lo e licença mesmo te é dada, desde que a tome com descrição. Assim, palavras, há pouco forjadas, em breve terão ganho largo crédito, se, com parcimônia, forem tiradas de fonte grega. (Horácio, 1984, p.59-61)

Horácio admite certa liberdade para se "forjar" novas palavras, porém isto deve ser feito com parcimônia, obedecendo ao princípio da *aurea mediocritas*. As palavras devem ser "tiradas de fonte grega", seguindo o modelo dos grandes escritores do mundo helênico. Tal preceito será resgatado pelos letrados renascentistas, os quais trarão à luz os valores estéticos da Antiguidade e usarão como parâmetro principal a língua latina.

A preocupação com a escolha de metro, tema e linguagem para se compor uma obra literária são marcas do decoro. São prescrições que revelam a habilidade do poeta em exercer o seu ofício e, também, a qualidade da obra literária. Acerca desse assunto, Horácio adverte:

Se não posso nem sei observar as funções *prescritas* e os tons característicos dos diversos gêneros, por que hei de ser saudado como poeta? Qual a razão por que prefiro, com falso pudor, desconhecê-los e aprendê-los? Mesmo a comédia não quer os seus assuntos expostos em versos de tragédia e igualmente a ceia de Tiestes não se enquadra na narração em metro vulgar, mais próprio dos socos da comédia. Que a cada gênero, bem-distribuído ocupe o lugar que lhe compete. (ibidem, p.69)

Essa passagem expressa a ideia do decoro, pois exige do poeta o conhecimento pleno do fazer poético. Cabe a ele o domínio das "funções prescritas" para que exerça de maneira digna o seu ofício. A poesia, portanto, para ser de boa qualidade, jamais poderá estar dissociada dessas regras. A questão das escolhas vocabulares é parte desse conjunto de preceitos, os quais geram a forma e o sentido da poesia.

O engenho

A poesia feita por Antônio da Fonseca Soares se constrói seguindo o espírito de seu tempo, no qual alguns preceitos dos manuais de retórica e poética clássicos passaram por releituras e, por conseguinte, modificaram determinados conceitos de escrita. A ideia de clareza, por exemplo, abre espaço para uma escrita mais ornada, que, em determinados momentos da arte nos Seiscentos e Setecentos, alcança o exagero. Acerca da linguagem, Aristóteles declara que:

> A excelência da linguagem consiste em ser clara sem ser chã. A mais clara é a regida em termos correntes, mas é chã; [....] Nobre e distinta do vulgar é a que emprega termos surpreendentes. Entendo surpreendentes o termo raro, a metáfora, o alongamento e tudo que foge ao trivial. Mas, quando toda a composição se faz em termos tais, resulta um enigma, ou um barbarismo; a linguagem feita de metáforas dá em enigma; a de termos raros, em barbarismo. [...] É necessário, portanto, como que fundir esses processos; tirarão à linguagem o caráter vulgar e chão, por exemplo, a metáfora, o adorno e demais espécies referidas; o termo corrente, doutro lado, lhe dará clareza. (Aristóteles; Horácio; Longino, 2005, p.44)

Entretanto, Alcir Pécora (1994, p.161), ao analisar as analogias nos sermões de Padre Antonio Vieira, baseando-se em Baltazar Gracián, preceptista do XVII, observa que:

> Em Gracián, por exemplo, fica nítido que a analogia ou correspondência conceitual é o procedimento básico de todas as formas de produção aguda, conquanto, por outro lado, os objetos que se relacionam nela não tenham quaisquer limites fixáveis *a priori*. Da mesma forma que os objetos, também a matéria [...] nunca é tão estéril que não dê margem à sutileza analógica: "Hay unas matérias tan copiosas como otras estériles, pero ninguna no es tanto que uma buena inventiva no halle en qué hacer presa, o por conformidad o por desconveniencia, echado sus puntas del careo".

EROTISMO E RELIGIOSIDADE **67**

Como podemos ver, o que em Aristóteles é recomendado a se fazer com parcimônia, em Gracián é tido como procedimento básico. Assim, a metáfora, que pode causar enigma, é justamente o procedimento mais usual para os letrados do século XVII e, deixando mais claro, não somente esse tipo de figura, mas uma série de outros recursos expressivos, como as antíteses, paronomásias, inversões sintáticas, quiasmas, entre outros.

Para explicar a poesia ornada e aguda do século XVII, Hansen (1989, p.239) desenvolve o conceito de *ornato-dialético,* o qual se constrói por meio de expressões engenhosas, "operação metafórica de aproximação e fusão de conceitos", forma pela qual o poeta desta época, seguidor das regras exigidas pelo decoro, expunha seu engenho e representava o mundo a sua volta: uma sociedade pautada no poder da Igreja e sua contra reforma, e no poder centralizador da Coroa, e suas regras de corte.

A poesia do século XVII não é inventiva no sentido contemporâneo do termo, pois se baseia em modelos e em lugares-comuns (*topoi*) retirados de fonte clássica. Assim, esses poetas prezavam o ornato como marca de virtuosismo poético, fazendo que a *inventio* ficasse em segundo plano e a *elocutio* fosse extremamente engenhosa. Ser conhecedor dos modelos e dos *topoi* era prescrição obrigatória:

> No Seiscentos, como na Antiguidade, os catálogos de modelos fornecem a tópica onde encontrar os argumentos relativos a cada assunto, as mais justas expressões para cada afeto, as mais eruditas e deleitosas sentenças dos melhores autores – desconsiderá-los é ignorar matéria da poesia e esconder, sob a capa da inspiração, a incapacidade de justificar o que se escreve. (Muhana, 1997, p.50)

Nas palavras de Silva (1971), o poeta barroco tem "horror ao vazio". O motivo dessa declaração é justamente o gosto pela poesia ornada, cuja marca característica é a hipertrofia da elocução e a forte carga conceitual do discurso poético. Sendo assim, a poesia seiscentista, suntuosa por suas metáforas, jogos conceituais, expressões alegóricas, hipérboles, entre outros recursos estilísticos, cria um universo *maravilhoso,* o qual, para o poeta, é símbolo de habilidade poética e, para recepção – público leitor e público ouvinte –, deleite.

O *maravilhoso* é algo aceitável para a construção poética barroca. Porém, essa característica expressiva, seguindo prescrições do decoro, deve ser adequada ao gênero escolhido. Por exemplo, num gênero satírico, o *maravilhoso* pode trabalhar com maior liberdade, pois a voz satírica opera como voz maledicente, usa o vitupério para criar "incongruências programáticas", deforma e amplifica de maneira alegórica o objeto mimetizado. Num determinado gênero poético, o poeta pode usar como recurso de amplificação retórico-poética, por exemplo, a hipérbole para mais ou para menos (Hansen, 1989), para elogiar ou vituperar a matéria do poema de maneira maravilhosa. Como podemos ver neste romance de Fonseca Soares (no caso, aqui temos uma comparação hiperbólica para mais):

> A colher Flores ao Prado
> saiu Antonia e Francisca
> uma *mais gentil que estrela*
> outra *mais que o Sol bonita*
>
> Era tempo em que os seus raios
> Febo no ocaso escondia
> que hora força envergonhar-se
> de tantas luzes a vista
>
> O crepúsculo da noite
> que é tempo em que a luz declina
> *dava com duas auroras*
> anúncio do melhor dia (romance 100)
>
> As galas da primavera
> vendo tanta galhardia
> vindo por-se-lhe nas mãos
> mostram bem que estão rendidas

Mas quando em tais mãos se põem
constante *o mundo publica*
que para maior triunfo
quiseram ficar vencidas (grifos nossos)

Uma das marcas da poesia de Antônio da Fonseca Soares é o forte tom argumentativo, o que demonstra uma fusão retórico-poética arraigada no seu discurso. Muhana (1997, p.53-54), discorrendo sobre a fusão retórico-poética na poesia do Seiscentos, observa que:

> A arte poética horaciana unira com felicidade essas duas noções – a de verossímil, contida em Aristóteles com o resultado da imitação, e a de conveniência, como o pressuposto da persuasão – na noção de decoro, entendida multiplamente como unidade da obra poética adquirida pela concórdia de suas partes em relação tanto à matéria, aos fins, e ao auditório, como ao poeta, e contrária portanto a toda "monstruosidade" e "bizarria", desprovida de ordenação interna, em que os sujeitos e os predicados não se correspondem, em que os termos não se combinam, em que cada parte diverge do todo. É assim que nas preceptivas do Seiscentos aquela superação da natureza exigida pelo conceito de verossimilhança acomoda-se a este de conveniência, definindo semelhança de verdade como ordem interna de gênero.

Seguindo as leis do decoro e das acepções da preceptiva do século XVII, Antônio da Fonseca Soares compõe uma poesia narrativa e persuasiva, na qual o eu lírico dirige sua voz ora erótica ora maledicente a um interlocutor feminino.

A forma poemática predominante para tal poesia foi o romance. Emiliano Diez-Echarri e Jose Maria Roca Franquesa (1960, p.146), usando uma citação do Marquês de Santillana, fazem alusão às origens populares dessa forma poemática: são elas *"cantares, de que las gentes de baxa e servil condición se alegran"*. As suas origens, segundo eles, provêm das canções de gesta, cujo aspecto narrativo foi herdado. Situando o romance na poesia barroca do século XVII, Chociay (1993, p.95) observa que:

Ainda considerando sua origem, o romance primitivo tinha intenção narrativa e se destinava ao canto. Na época, barroca, todavia, seria impossível tentar definir esta forma poemática por seu conteúdo, pois os romances praticados por todos os poetas realizam ampla gama de possibilidades.

O romance, por dar margem à "ampla gama de possibilidades", provavelmente deve ter dado a Antônio da Fonseca Soares a possibilidade de escrever poesia de gênero satírico e erótico nessa forma, sem ferir ao decoro.

Enfim, a poesia do século XVII para ensinar, mover e deleitar necessita de uma recepção tão aguda quanto ela. A poesia aguda é direcionada, sobretudo, ao homem prudente da sociedade de corte que se deleita ao mesmo tempo em que aprende com a poesia. Para falar da recepção na poesia seiscentista, Hansen (1989) traz à luz o conceito *ut pictura poesis* horaciano, que é uma espécie de seletor que regula a posição exata para que as imagens sejam vistas e o invólucro hermético do ornato seja desvendado. Os quadros descritivos, as expressões que geram imagens ou até mesmo o poema inteiro, em certos casos, precisam ser vistos de uma perspectiva correta para que sejam entendidos. A visão do espectador deve estar centrada no ponto certo. Do espectador exige-se um conhecimento prévio para que seja capaz de desvendar o invólucro da poesia. Capaz disso, somente o homem prudente. O vulgo fica na superfície, fascina-se com o *maravilhoso,* mas não percebe as sutilezas poéticas que o formam. Numa sátira, por exemplo, ri sem dor, pois enxerga unicamente o feio e o jocoso.

Os lugares de Fonseca Soares

Nos romances de Antônio da Fonseca Soares, prevalece a figura da mulher. Ora o poeta dedica os seus versos a mulheres pertencentes à classe popular, ou seja, lavadeiras, colareiras, fiandeiras, costureiras, ora dirige sua voz poética a musas da tradição bucólica ou deusas da mitologia clássica. Essas figuras femininas são belas mulheres, as quais, com seus encantos, suscitam sentimentos extremos no eu lírico, como, por exemplo, paixões incontroláveis ou estados irascíveis. Assim, o eu lírico tomado por tais paixões profere palavras como "Onde os desejos são grandes/a razão é pouca" (romance 21) ou "Enfim vos sois [Daphne] desta terra / a fêmea mais insolente / pois inda que chovam raios / nenhum por dentro vos mete" (romance 65).

Desses sentimentos, surgem o apelo erótico e a voz maledicente do homem que deseja e não é correspondido, tomado por um estado de alma vicioso e conflitante. Ao gênero erótico e ao satírico estão arraigados o discurso religioso, representado pela Igreja Católica Romana e o apelo aos deuses da mitologia clássica, usados como marca de erudição e, sobretudo, como figuras de amplificação retórico-poética.

Segundo Achcar (1994, p.33-4),

> A espantosa diversidade da poesia que chamamos lírica já foi associada ao cambiante pavão da frase de Tertuliano:
> "multicolor, de várias cores, versicolor, nunca a mesma, mas sempre outra, embora sempre a mesma quando outra, tantas vezes enfim mudando-se quantas vezes movendo-se."
> Essa propriedade metamórfica, entretanto, não tem inibido, desde o século XVII, mas sobretudo a partir do romantismo, a definições decisivas e abrangentes, confiadas em que a lírica é *semper ipsa quando alia*. O ponto comum dessas definições reside na posição central do *eu* no poema lírico: poesia da primeira pessoa, a lírica é contraposta à épica, de terceira pessoa, numa conceituação que remontaria a Platão e a Aristóteles.

A voz poética nos romances de Antônio da Fonseca Soares é *central* (lírica) e se dirige a um interlocutor. Num imediatismo de comunicação, o eu lírico interpela o destinatário diretamente, como se estivesse presente e o fustiga com argumentos, como podemos observar no seguinte excerto:

Amais vossa Liberdade
certo que o sinto menina
pois vos não quero tão velha
quando vos suspeito minha

Se para matar a muitos
volveis tão vossa menina
ai não tenhais por ingrata
o que já tendes por Linda

Ora sois cruel meus olhos
pois como tanta tirania
matando já por fermosa
Quereis matar por esquiva

Não bastava essa beleza
em quem de amor porfia
Desejado incêndio gosta
amante fogo suspira

Não bastava esse donaire
cuja gala, e galhardia
Faz a morte apetecida
Faz a pena desejada

Se não ver tal isenção
Se não ver tal valentia
para que sinta os rigores
a quem vos deveis carícias (romance 3)

Em seus romances, Fonseca Soares, seguindo a preceptiva poética de seu tempo, traz à luz temas e lugares comuns retirados da tradição clássica. Assim, dentro de um tema maior, o desejo amoroso, desenvolve subtemas arraigados na poesia de gênero erótico e satírico. Circunscritos aos temas estão os *topoi* ou *lugares-comuns*, representados, por exemplo, na cor da pele da mulher, branca como a neve ou comparada a cristais; nos tipos viciosos como feiticeiras ou bruxas, no fetiche dos pés, nas metáforas cristalizadas, nos símbolos sexuais, ou na mitologia clássica, usada como recurso retórico de comparações e relações conceituais.

O erótico

O erótico nos romances de Antônio da Fonseca Soares é construído por meio de vocábulos ou expressões ambíguas. O potencial semântico das palavras é explorado de maneira que estas ganhem novas significações e compartilhem o seu novo significado com o antigo. O erótico é notadamente alegórico e metafórico. Os conceitos são transformados em imagens feitas por meio de metáforas ou comparações antitéticas, as quais amplificam o discurso, gerando o que Hansen (1989) chama de ornato dialético.[1]

Fonseca Soares no romance de número 27 desenvolve o erótico por meio do contraste das tópicas água/fogo e neve/fogo, pelas quais aproxima conceitos antitéticos para reforçar a imagem de um eu lírico tomado pelo desejo:

excerto 1	excerto 2
A mim mesmo pena dou pois é benção que te paga meu peito *com puras chamas* meus olhos *com vivas águas* (romance 17, grifos nossos)	Ja me confesso perdido, porque meu amor só acha tudo *fogo no que sente_* tudo *neve no que palpa* (romance 17, grifos nossos)

---

1 Hansen, em seu livro *Alegoria: Construção e Interpretação da Metáfora* (2006, p.48), discorre sobre os termos *decoro e decoroso* inserindo-os no contexto erótico: "[...] os termos 'decoro' e 'decoroso' referem-se a um modo de adequação, sendo distributivos, relacionais. 'Decoro' é um operador de adequações discursivas, implicando a regulação das trocas simbólicas segundo o que é entendido como 'conveniente', num sentido ao mesmo tempo técnico e civil. A noção de decoro e decoroso como *moral* e, ainda, como moral sexual, vai-se cristalizando e afunilando desde o século XVI, para enrijecer-se na pornografia legalizada da censura contemporânea: 'espetáculo indecoroso' etc.".

74 CARLOS EDUARDO MENDES DE MORAES (ORG.)

Acerca do excerto 1, vale a pena citar uma análise que Hansen (1989, p.240) faz de um poema de Gregório de Matos com tema muito semelhante:

Ardor em firme coração nascido;
Pranto por belos olhos derramados;
Incêndio em mares de água disfarçado;
Rio de neve em fogo convertido

Como divisão conceituosa, um termo metafórico como "fogo" substitui o significado da ação ardorosa; outro termo metafórico, como "água", equivale ao efeito da paixão. Tem-se uma primeira divisão: Paixão = ação e efeito; uma primeira metaforização: Paixão = ardor (fogo) e pranto (água); e também uma primeira oposição: Paixão = fogo diferente de água. A mesma divisão produz oposições semânticas exploráveis: "fogo" = /quente/, /seco/; "água" = /frio/, /úmido/; etc. Dispostas simetricamente, as metáforas efetuadas funcionam como matrizes de subdivisões engenhosas, que as substituem por outras metáforas cada vez mais distantes, como amplificação, mantendo-se sempre, porém, a relação analógica de substituição e de oposição semântica. Em outros termos, o procedimento é sintético e analítico, "ornato dialético", de efeito pictórico. Tem-se nele algo paradoxal ("maravilhoso, segundo os barrocos") [...].

No excerto 2, o efeito é o mesmo, pois Paixão = ardor (fogo) e Indiferença = frieza (neve). Paixão = a fogo diferente de indiferença = a neve. A contraposição das duas metáforas gera um efeito engenhoso que torna "visível" o forte desejo do eu lírico e a indiferença de sua musa. Desejo e indiferença saem do nível conceitual para se tornarem matéria tátil e visual: fogo e neve.

Ainda para expressar uma ideia erótica, às vezes objetos ou certas situações são matérias expressivas para criar imagens, como podemos observar no quadro abaixo:

Símbolos de sexualidade feminina	Símbolo de sexualidade masculina	Situações que remetem ao ato sexual
Bainha (romance 46) Vaso (romance 54) Concha (romance 54)	Espada (romance 43) Vara (romance 65)	Ação de tear (romance 12) Ação de costura (romance 66)

Esses objetos e situações remetem a símbolos fálicos e a símbolos do órgão sexual feminino, os quais sugerem, muitas vezes, a ideia de relação sexual. Separamos três excertos, nos quais essas situações aparecem:

Era que estava cozendo branca, e crespa Holanda fina E por cozer em Holanda era *holandesa das vidas*	*Acudiu ao pique* logo com palavras que sabia porque como é tão discreta *a todo o pique acudia* (romance 76, grifos nossos)
Entre os pontos da custura *hum dedo picou Maria e com o pique d'agulha ficou picada a menina* (romance 76, grifos nossos)	*Picou* se enfim no dedinho e foi novidades a fé porque até gora esta dama *picada a não viu ninguém* (romance 66, grifos nossos)

Nos exemplos acima, o poeta tira seu recurso expressivo de uma situação de costura. Ele aproveita a variação de sentido que a palavra picar possui para chegar ao erótico. Por meio da paronomásia, figura bastante usada pelo poeta, ele constrói um efeito engenhoso em que as palavras de sons semelhantes e, aparentemente, de sentidos também semelhantes, assumem sentido alegórico, sendo contaminadas pelo campo semântico do erótico. Assim, o vocábulo *picada* pode sugerir golpe com a "pica", mulher que recebeu a "pica" ou movimento de vaivém de picar. Ademais, o verso "ficou picada a menina", do romance 76, além de erótico, assume tom jocoso e o verso "porque athe gora esta dama/picada a não uiu nimguem" gera a ideia de castidade da musa, provavelmente pelos seus atos esquivos.

A cor da pele, sempre branca, barroquíssima, segundo Hansen (1989), é um lugar comum bastante explorado por Fonseca Soares. Na maioria das vezes, ela assume caráter metonímico e é associada à neve e ao cristal. Para citar um desses momentos escolhemos o romance 27, no qual o eu lírico compara os seios de sua musa a "pomos de neve" e, num momento de extremo erotismo, numa *hipérbole para mais,* compara-os a um "mar de leite", que provoca o desejo e o "deleite":

> Já se vê de um peito a neve
> ou pomo de nata doce
> para que amante o desejo
> num mar *de Leite se afogue* (romance 27, grifo nosso)

Enfim, o conflito razão/desejo, imagem central nos romances eróticos, materializa-se principalmente por meio das relações, dos jogos conceituais, das antíteses e metáforas pictóricas. Desse modo, o eu lírico, quando tomado pelo desejo, torna-se um ser vicioso e o "tipo vicioso não é livre, pois em todas as ocasiões só obedece à vontade, que o escraviza: não deseja, é desejado de seu desejo [...]" (Hansen, 1989, p.338). Daí a razão bater à porta, pois o homem prudente do século XVII não quer ter nenhuma relação com os atos viciosos, o vício é o seu oposto.

Assim, o desejo latente no eu lírico o faz chegar a "extremos", os quais são expressos em versos como "onde os desejos são grandes / a razão é pouca" (romance 21), "temo dar me o miolo uma volta" (romance 54) e, enfim, na voz erótica do romance 10:

> Mas vinde para meus braços
> que já com mil alvoroços.
> Por vos meter nao sei donde
> crede que estou não sei como.

A voz maledicente

Aristóteles, em sua *Arte retórica,* ao questionar por que nos encolerizamos com alguém, declara que:

> Os enfermos, os pobres, os apaixonados, os que têm sede, numa palavra, os que sentem um desejo e o veem contrariado, são irascí-

veis e prontos em encolerizarem-se principalmente contra os que tratam com desdém o estado presente em que se encontram. (Aristóteles, [19-], p.101)

Se observarmos a voz maledicente dos romances, podemos notar que ela se encaixa em pelo menos três itens da citação. Ela está enferma de amor, está apaixonada e sente seu desejo contrariado. Para ilustrar esse exemplo separamos o romance 7.

> _Anna_ do meu coração
> cuja Lindeza cigana
> ja me enbruxa pelos olhos
> ja me enfeitiça pela alma
>
> Anna enfim por quem mais quero,
> se vos não tornais bagana,
> da quaresma os misereres,
> que aleluias da Páscoa
>
> Cheguei a esta vossa terra
> entre _sezões_, e esperança
> de hum enganado há dias
> de outras _enfermo_ ás somanas
>
> Premeti não sendo folha
> tudo o que acho nessa graça
> que entre as vossas flores possa
> colher o meu gosto as lampas (grifos nossos)

A causa da enfermidade é a paixão que faz do eu lírico um ser viciado, portanto doente segundo as regras morais e religiosas do homem prudente do século XVII. O desejo não correspondido o torna irascível e pronto para o vitupério. A culpa, sobretudo, é da beleza que enfeitiça, da mulher que embruxa os olhos, do corpo lascivo etc. Argumentos reforçados por lugares-comuns como a ideia de prudência (conceito social) e a de vício (conceito moral-religioso).

No romance 8, a voz maledicente vitupera duas "comadres", na verdade tipos alegóricos, representação de mulheres não discretas e viciosas, "fofoqueiras" e "feiticeiras", como podemos observar no excerto abaixo:

Eu nunca comadres vi
gritarem como em [açougue]
e no cabo às *espetadas*
dão bofetadas que chovem

Putas se chamam, e *disputam*
No que sabem quanto podem
e saindo tudo a praça
não fica nada no fole

Disse uma dize malvada
não dissestes que três noutes
para *embruxar* hum menino
te *converteste num bode*

Mentes *velhaca*, eu podia
dizer te, nem por remoque
de mim esse testemunho
tu patifa ês a que foste

Preza pello secular
feiticeira tao enorme
que eu te ui com estes olhos
levar hum gibão de açoutes

Em mim açoutes magana
quando na rua das flores
hum negro te deu no rabo
muitas palmadas e couces (grifos nossos)

Podemos perceber que as "comadres" são submetidas, por meio do vitupério, à censura do código de corte e da doutrina católica.

EROTISMO E RELIGIOSIDADE **79**

Nesse poema, encontra-se a tópica *malles maleficorum,* a qual prescreve que "toda feiticeira provém da concupiscência carnal, que nas mulheres é insaciável" (Hansen, 1989, p.342) e que, por sua vez, acaba por encadear um outro *topos* do Seiscentos o *sexo contra naturam.* A esse tipo vicioso Fonseca Soares lança mão da técnica da *diatribe,* pela qual o eu lírico ataca violentamente seu interlocutor proferindo, além dos vocábulos ornados pela sátira aguda, palavras diretas, chulas como "patifa", "puta" e "velhaca".

As mulheres, na maioria dos romances, são os alvos do vitupério. Dessas mulheres, as de camada popular são as que mais sofrem com a pena maledicente do poeta. Logo, não é difícil encontrar uma Maricas que "nasceu flor em colares / para ser peste em Lisboa" (romance 2), uma Izabel lavadeira cuja boca mostra-se "mui sem vergonha" (romance 13) ou uma padeirinha "engraçada / comezinha da cara" (romance 59). Entretanto, quando o eu lírico dialoga com as musas mitológicas ou da tradição bucólica clássica, na maioria das vezes, ele usa palavras ofensivas para clamar o desdém dessas mulheres ao seu amor.

Assim, temos uma Tisbe de "rostinho malfazejo" (romance 4), uma Filis que é "mui destra no jogo do truque" (romance 70) e uma Daphne insolente; aludida nos seguintes versos: "Enfim vos sois desta terra / a fêmea mais insolente / pois inda que chovam raios / nenhum por dentro vos mete". Hansen (1989, p.390), comentando as tópicas usadas na poesia barroca, mais especificamente a tópica *nomen* (nome), declara que o nome de Dafne é muito usado para "figurar negras e putas" pelos poetas do século XVII.

A sátira do padre Antônio da Fonseca se enquadra no que Hansen (1989, p.226) chama de "agudeza jocosa ou maledicente", pois seus recursos expressivos tendem para o engenhoso. A voz maledicente nos romances de Fonseca Soares tende mais para o que o autor, resgatando um conceito aristotélico, chama de *riso sem dor,* pois, apesar de haver nela um tom moral que se encaixa no código religioso-político (Igreja Católica e sociedade de corte) do século XVII, o poeta parece estar fazendo "brincadeiras de vitupério", muito mais perto do jocoso que do sério, algo como o riso com dor da sátira. Tal procedimento pode ser observado no romance 28 transcrito a seguir:

De chança quero pintar

[...]
e *quero zombar de graça*
ja que tu zombas deveras
Es Izabel muito Linda
mas porem muito avarenta
[...]
Es mulher de bom juizo
mas inda assim es tão nescia
que há ver nasceu duas luzes
trazes metido na testa

Com teus olhos é cruel
Quem por olhos os nomeia;
pois te tira os olhos fora
quem lhe tira a ser estrela,

A flor da cara tais flores
te quis por a natureza
que esses de rosas teu rosto
para ser a primavera
[...]
E sem que mal te deseja
tal amor tenho a pobreza
que melhor te vira nua
que rica de tentas prendas (grifos nossos)

Nesse romance, o eu lírico, num tom irônico, zomba e elogia ao mesmo tempo. Fonseca Soares, seguindo o gosto barroco pelos *quadros*, constrói um eu lírico que pinta sua musa de "chança", ou seja, pinta-a zombando.

No início do poema, deixa claro, a musa é mulher de "bom juízo", porém "néscia", isto é, o contrário da cortesã discreta dos palácios. Em seguida, descreve o rosto de "Izabel", que se faz com toda a sorte de analogias e hipérboles. Assim, o cabelo louro é ouro; os olhos são

EROTISMO E RELIGIOSIDADE   81

estrelas;[2] o rosto é um campo de flores; boca e nariz são brevíssimos; as mãos e pés são simétricos, pequenos[3] e delicados. A mulher é pintada numa atmosfera fantástica, tem beleza quase sobrenatural, é bela, porém néscia. Possui uma incongruência: nada é perfeito. No fim do poema, o eu lírico volta ao tom de zombaria usando de palavras coloquiais, como "velhacão", e do discurso religioso, como o voto de pobreza: "tal amor tenho a pobreza". Enfim, na última quadra, em tom jocoso e irônico, convida a musa ao deleite amoroso.

Portanto, a maledicência nos romances de Fonseca Soares é trabalhada por meio de conceitos, lugares-comuns, metáforas e alegorias que fluem muito mais para o riso do que para a dor. Os tipos viciosos possuem sempre certa incongruência, mostradas por contrastes ou por analogias. Destarte, temos uma Clara que a "brancura que leva escurece a agua", ou uma musa que "Es mulher de bom juizo / mas inda assim es tão nescia". O tipo vituperado será sempre aquele que leva em si certa desproporção, deixada em relevo pela voz maledicente.

Mitologia e religião

A doutrina católica e a mitologia clássica são muito presentes nos romances de Antônio da Fonseca Soares. A influência da Igreja é marcante no século XVII, entretanto, junto com essa forte marca ideológica está a influência humanista herdada do movimento de resgate da Antiguidade clássica, fomentado, sobretudo, pelos renascentistas do século XVI.

---

2 Acerca das metáforas que fazem alusão à luz ou objetos luminosos, Silva (1971, p.401) declara que "Sol e luz são lexemas frequentemente utilizados, na poesia petrarquista e barroca, para conotar hiperbolicamente a beleza feminina".

3 Silva (1971, p.435-6), fazendo alusão ao fetiche pelos pés pequenos na poesia do XVII, inclusive citando Fonseca, declara que "Se os poetas barrocos cantam umas vezes olhos verdes, outras vezes olhos negros, ou castanhos, ou azuis, cantam sempre, sem discrepância, a sedução dos pés pequenos. O próprio Fonseca Soares dedicou a este tema dois sonetos: 'Instante de Jasmim', 'Concepto breve', publicado na *Fênix Renascida*, t. III, p.202, entre poemas de Jerônimo Baía, mas atribuído a Fonseca Soares por numerosos manuscritos [...]".

Ideologia cristã e mitologia pagã são usadas como fontes conceituais para os procedimentos argumentativos de um eu lírico que quer convencer, que quer comparar ações atribuídas as suas musas como boas ou más de acordo com a doutrina católica, ou compará-las a deusas belas e/ou esquivas. Os conceitos que envolvem a doutrina católica e a mitologia clássica são, acima de tudo, procedimentos retóricos, relevo poético para a escrita ornada.

Religião

No romance 19, Fonseca Soares mergulha o conceito religioso em atmosfera erótica. Usa uma infinidade de palavras do léxico religioso para insinuar seu desejo amoroso, faz isso num clima irônico e malicioso. Usaremos esse poema para ilustrar essas alusões.

> Bela *Brites* dos meus olhos
> tão fermosa, como ingrata,
> que é mui próprio da beleza
> o atributo de tirania
>
> Hoje que vi vossas Letras
> foi para mim esta carta
> de seguro ao meu receio
> e de guia a esperança
>
> Fiquei Louco de contente,
> e como em *quaresma* estava
> cuido acheis as *aleluias*
> antes da *Somana santa*.
>
> Acabaram-se as tristezas
> e a *paixão* de penas tantas
> E Foram vossas noticias
> para mim *alegres páscoas*
>
> *Ressuscitou* o meu gosto
> que ja sepultado andava
> no profundo da saudade
> e nos abismos da magoa

A *quaresma* nesta ausência
mui *penitente* passava,
que quem de nos vive ausente
arrependido se acha

Jejuava aos alivios,
de penas me sustentava
eram muitos estes passos,
e as mortificações raras

ia para trás nos gostos
e por cadeias levava
nas lagrimas que vertia
duas correntes pesadas

O coração repetia
as disciplinas molhadas
e com as balas de vidro
dos olhos bem se sangrava

As confissões que fazia
Deus não posso contá-las
mas todas eram sem fruto
porque nada me pesava

Até que o vosso papel vejo
como *indulgencia* plendria [?]
Livra me de culpa, e pena
pois trazia tanta *graça*

Bem te chamei indulgência
por breve, e por que tardava;
porem qualquer papel vosso
por hum jubileu se alcança

Menos cortes mais amante
vos quisera prenda amada
que amor morre nos cortejos,
vive só nas confianças

O amor é mui menino
por esta rezão não trata
de cortesias que são
nos meninos escusadas.

Somente quer os carinhos
que são propios de *quem* ama
aborrece os comprimentos
disfarces das esquivanças

Mil ternuras vos dissera
mas vejo que se me embarga
o desejo de dizê-las
no impossível de explicá-las.

Digo só que *por vós morro*
e se vivo é porque basta
o gosto que em morrer tenho
para dar me vida Larga (romance 19, grifos nossos)

Nesse romance, o tema da morte e ressurreição de cristo é patente, assim como todo um léxico ligado ao vocabulário da Igreja. O poeta usa nada menos do que dezesseis palavras ligadas ao léxico cristão: quaresma, aleluias, Semana Santa, paixão, páscoa, sepultado, penitente, jejuava, confissões, Deus, indulgência, culpa, pena, graça, jubileu e cortejos, mergulhando-as no campo semântico do erótico.

O eu lírico é uma espécie de Cristo que sofre e morre pela musa para ter vida infinita: "Digo só que por vos morro / e se vivo é porque basta / o gosto que em morrer tenho / para dar me vida larga". Receber uma carta[4] de sua amada suscita nele desejos que estão

---

4 "O motivo da carta de amor, intimamente ligado à temática petrarquista dos tormentos nascidos da ausência, e que, no século XVI, inspirou tantos poemas de saudade e angústia, [nos poetas barrocos] degrada-se até o nível da obscenidade [...]" (Silva, 1971, p.426-7). Nos romances que fazem parte do *corpus* deste estudo, Fonseca usa as cartas como instrumentos capazes de suscitar o desejo do eu lírico.

EROTISMO E RELIGIOSIDADE 85

implícitos nas palavras religiosas. Assim, palavras como *esperança*, *quaresma* e *aleluias*, todas do léxico religioso, cedem seus conceitos ao erótico. Pois *esperança* pode significar a possível realização de um desejo; quaresma, a abstinência sexual; aleluia, o saciar do desejo. Nas últimas quadras, há uma provável alusão ao deus da mitologia clássica em "O amor é mui menino", que poderia sugerir Cupido, deus do Amor, evidenciando um sincretismo Igreja e mitologia.

O vocabulário da Igreja está presente nos romances eróticos e, como vimos no subcapítulo "A voz maledicente", também está nos romances satíricos, pois empresta suas designações contrarreformistas para tipos viciosos como bruxas e feiticeiras. Além disso, a religiosidade traz à luz temas como o da "tentação" e o "amor freirático", muito cultivado no século XVII.

Hansen (1989, p.350-1), analisando o amor freirático na sátira de Gregório de Mantos, afirma que:

A sátira do amor freirático se produz, no caso, como dramatização de boatos, como reiteração ou deslocamento de discursos oficiais sobre o assunto, como desenvolvimento, retórico poético de convenções do amor cortesão e suas técnicas eróticas – o que inclui, por exemplo, a paródia lírica, o insulto, a difamação, a chalaça, a imitação obscena de troca de correspondência e alimentos. Outras tópicas tradicionais, como as da gula, luxúria, usura e simonia dos frades, cruzam-se na do amor freirático, como efeito de desproporção viciosa dos religiosos e apologia dos discretos seculares, como ainda se vê.

Também sobre o *amor freirático* Silva (1971, p.442) observa que:

Uma leitura, mesmo apressada, dos nossos cancioneiros barrocos revela de pronto que o motivo mais frequente explorado pela poesia satírica da época foi o dos amores freiráticos. Nos numerosos conventos existentes, os ideais religiosos e ascéticos foram-se abastardando e a disciplina foi-se relaxando e dissolvendo, de modo que numerosas freiras sem vocação, dadas a folguedos e a ostentações luxuosas, transformaram as grades conventuais em lugar de mundanos e licenciosos encontros com os galãs do tempo.

Em seguida, para exemplificar, transcreve um excerto de um poema de Fonseca Soares:

> Cuidei que fosse mui firme
> Freira com tanto de tola:
> Mas Freira para mudar-se,
> Todo juízo lhe sobra. (apud Silva, 1971, p.442)

O tema do *amor freirático* é retomado em nosso *corpus* somente uma vez, no romance 18. Na verdade, o eu lírico sugere o tema quando faz alusão à vestimenta tradicional da freira, o hábito:

> Deitai vos aqui comigo
> Vosso aio ser pertendo
> as mãos, e a boa vontade
> por vos minha alma prometo
>
> Destoucai essa toalha
> os alfinetes desprego
> posto sem nuvem me abrasem
> os raios desse cabello
>
> *Despi o habito* meu bem
> minha menina por certo
> não ha mais garbosa dama
> do que vos ficais em fresco (romance 18, grifo nosso)

Esse romance possui um tom bastante erótico e explora muito os vocativos, efeito expressivo muito usado pelo poeta e que aproxima a linguagem da poesia à oralidade. Nele, também se faz alusão à vestimenta feminina da época, usando esse léxico para descrever gradativamente o despir da musa até sua nudez. Ademais, o eu lírico faz alusão a partes do corpo da mulher como "cabelos", "peito",

EROTISMO E RELIGIOSIDADE   87

"pés", "boca" e a branca cor da pele. Usando o léxico da sociedade de corte, insinua-se ao seu interlocutor como "Vosso aio". Interessante notar que nesse romance os últimos versos foram rasurados pelo poeta, o que pode sugerir um poema inacabado, cujos versos rasurados não foram aprovados por Fonseca Soares. Enfim, a voz do homem temente a Deus se manifesta na angústia do eu lírico que, tomado pelo desejo, não quer se tornar um tipo vicioso. Lembra que até Cristo foi subjugado à tentação, por isso não se vê ileso de tal sentimento. Numa chave erótica, no romance 98, o eu lírico glosa essa passagem bíblica:

> *Livre-me Deus* de que eu caia
> nestes adorados vícios
> pois para ser d'almas estragos
> são do coração suspiros

Mitologia

O universo da mitologia se faz presente nos nomes de musas evocadas pelo eu lírico, como Fillis, Clori, Tisbe, Nise e Dafne, ou nas citações aos deuses mitológicos ao longo dos romances. O léxico da mitologia greco-romana é usado, em sua maior parte, como objeto de comparação. Assim, o poeta compara entidades mitológicas às musas ou a certas ações ou estado de espírito. Nessas comparações, leva-se em conta, principalmente, o jogo conceitual que envolve a lenda do ser mitológico e o contexto para o qual serve como parâmetro. As comparações são, sobretudo, retórico-poéticas, amplificações que reforçam as imagens da poesia e os argumentos do eu lírico. Um exemplo de tal recurso pode ser observado no romance 47, do qual retiramos o excerto abaixo.

> Pródiga se de esquivanças
> Liberal se de desprezos
> avarenta de favores
> fugitiva a rendimentos

88 CARLOS EDUARDO MENDES DE MORAES (ORG.)

Aspide sempre a minha ouses
pedra sempre a meus incêndios
sem Anaxarte a meus desprezos
Eurídice a meus desvelos

Nesse romance, o eu lírico descreve uma musa (Lizis) esquiva e insensível aos seus desejos. Trata-se do tema do homem que deseja e é desprezado. Apesar de já ter dado indícios de que Lizis é mulher esquiva no começo do poema, a voz reforça essa ideia usando a figura de Eurídice. Segundo a lenda, Eurídice, desposada de Orfeu, recusou os galanteios do pastor Aristeu e, fugindo dele, pisou em uma cobra, foi mordida no pé e morreu. Orfeu desesperado desce ao mundo dos mortos para trazer de volta à vida sua mulher. A lenda continua, mas o que interessa para nós é justamente o desdém de Eurídice ao pastor Aristeu, cena que amplifica a ideia de esquivo e desdém de Lizis ao eu lírico.

A voz maledicente da *persona* satírica nos romances não perdoa nem os deuses, pelo contrário, lança seu vitupério nas entidades clássicas. A esse respeito Silva (1971, p.457-61) declara que:

Algumas palavras, por fim, sobre uma das mais curiosas manifestações, na nossa poesia barroca, desta veia satírica e burlesca. Refiro-me às fabulas mitológicas em que os poetas, seguindo o caminho iniciado por Góngora, reelaboram, em clave humorística, sarcástica e fortemente burlesca, algumas das mais conhecidas narrativas mitológicas greco-latinas. Ao deslumbramento exercido por tais narrativas nos poetas renascentistas, contrapõe-se agora estoutra atitude, tipicamente barroca, de corroer e degradar pela caricatura, pelo riso, pelo pormenor brutal ou sordidamente realista,[5] a idealidade e a beleza contidas nessas mesmas narrativas.

---

5 Para não sermos anacrônicos em relação ao conceito "realista", gostaríamos de citar Hansen (1989, p.16): "Ao poeta barroco nada repugna mais que a inovação, sendo a invenção antes uma arte combinatória de elementos coletivizados que, propriamente, expressão individual 'original', representação naturalista do 'contexto', ruptura estética com a tradição etc".

EROTISMO E RELIGIOSIDADE **89**

O barroco se compraz na caricatura e no burlesco e corrói a beleza, ora grave, ora grácil, dos mitos que tinham seduzido a sensibilidade renascentista.

Desse modo, para ilustrar essas afirmações, lançaremos mão de mais dois excertos retirados dos romances 11 e 82:

> Filho de Marte, e da Vênus
> vossa prozapia aplaudis,
> mui prezadinho de ter
> pai guerreiro, e mãe gentil
>
> *Vê dela quem Vênus foi,*
> *e quem foi Marte adverti*
> *ella huma puta safada*
> *elle hum pobre Espadachim*
>
> Entre huns cornos vos geraram
> e quando mais presumis
> tendes por principio hum corno
> de vossa fama clarim (romance 11, grifos nossos)
>
> [Dhaphne]
> *Enfim vos sois desta terra*
> *A fêmea mais insolente*
> pois inda que chovam raios
> nenhum por dentro vos mete (romance 82, grifos nossos)

Nos dois excertos, as entidades clássicas estão sendo visceralmente vituperadas. No primeiro, o filho de Marte e Vênus, sugestivamente, Cupido, está sendo sarcasticamente vituperado pela *persona* satírica, a qual situa nos níveis mais baixos a deusa do amor e o deus da guerra. Por meio da tópica da origem, a *persona* ataca os pais do interlocutor para rebaixá-lo, pois o filho de pais viciosos também é um tipo vicioso. Enfim, no segundo excerto *Dhaphine* é atacada pela voz do vitupério. Sem nenhum pudor, o eu lírico a chama de fêmea insolente, observemos que esta não é "mulher insolente", mas sim "fêmea insolente", o que a deixa quase no plano dos animais.

90   CARLOS EDUARDO MENDES DE MORAES (ORG.)

Não é difícil observar que a mitologia clássica é algo puramente funcional, usado como recurso expressivo e marca de erudição nos excertos. Em muitas vezes, mitologia e religião cristã dialogam, mesmo veladamente, no mesmo romance, porém os mitos greco--romanos são vistos por um outro prisma, ou seja, são colocados um degrau abaixo da Igreja Católica Romana, por exemplo, no excerto retirado do romance 56:

> Deixais pois desconfianças
> e adverti que *cupido*
> *sabe vingar como Deus*
> os agravos de menino

É importante notar que no trecho citado o vocábulo "Deus" está escrito com inicial maiúscula e a palavra "cupido" em minúscula; portanto, o "Deus", que certamente é católico romano, está acima do deus clássico e é parâmetro para ação desse deus da Antiguidade.

Levando em conta esse diálogo entre religião cristã e mitologia ou, melhor dizendo, entre as tendências ideológicas da Igreja Católica e o legado da tradição clássica, o qual foi resgatado pelos humanistas e efetivado pelos renascentistas, é válido citar Pécora (1994, p.73), quando comenta características humanistas nos sermões do contemporâneo Padre Antonio Vieira:

[...] Esse "humanismo" surge na verdadeira multidão de autores clássicos citados por Antonio Vieira, de que é difícil até mesmo identificar, de imediato, uma econômica linha de frente. Claro, há uma tendência, no conjunto do seu raciocínio, de fazer, com que as opiniões de embasamento aristotélico, ou a elas, conversíveis, ganhem maior destaque, o que, em princípio, diz respeito muito mais à manutenção de uma tendência escolástica, perfeitamente nítida em Vieira, do que às hipóteses e aos interesses do humanismo histórico mais conhecido, o florentino, lançados basicamente à roda do platonismo. Nesse sentido, desde logo, não deve haver confusão: se há que se falar de um "humanismo" em Antonio Vieira,

EROTISMO E RELIGIOSIDADE **91**

ele está profundamente ligado às manifestações do neotomismo, ou da segunda escolástica, conduzidas por pensadores dominicanos, primeiro, e por jesuítas, depois, cujo impacto e importância na reordenação católica dos séculos XVI e XVII, ainda mais na Península Ibérica, jamais poderiam, com justiça, serem minimizados.

Portanto, como em Antonio Vieira, na obra de Antônio da Fonseca Soares, está arraigada a forte ideologia católica, a qual lança seus tentáculos sobre as influências clássicas. A mitologia da Antiguidade, nos romances de nosso poeta, é usada como recurso retórico-poético, principalmente de amplificação, cujo conceito retirado do mito é usado como fonte metafórica, exemplo de uma situação ou ato, com fins persuasivos. A Igreja Católica é a religião de destaque e, portanto, os mitos greco-romanos são vistos sob outra ótica, a ótica alegórica do homem de corte temente a Deus.

Outros lugares

Nos 104 romances analisados neste estudo, o erotismo e o tom satírico são marcantes. Entretanto, há alguns poemas que dialogam com outros gêneros e temas. É o caso de alguns romances que fazem alusão à tradição bucólica clássica e outros que trabalham temas como o da guerra ou trazem em si questões metalinguísticas.

A natureza nos romances

Nos romances que trabalham temas bucólicos,[6] Fonseca Soares nos apresenta ora um eu lírico angustiado pela ausência de sua

---

6 Na Introdução de *Bucólicas* de Virgilio, Ramos (1979, p.8), comentando o legado deixado por Virgilio no que se refere à poesia pastoral, declara que: "Passaram-se os dias, com efeito, em que se tomava Virgílio como discípulo de Teócrito. Sabe-se hoje que, sem embargo das influências que sofreu, não só foi ele o verdadeiro criador da pastoral e da poesia arcádica, de tão funda repercussão nas letras do Ocidente, máxima a partir do Renascimento e a estender-se

92 CARLOS EDUARDO MENDES DE MORAES (ORG.)

amada, o qual contamina a natureza com seu estado de alma triste e melancólico, ora uma musa adoentada, cujo estado de debilidade contagia os entes da natureza. Entretanto, quando o mal é curado, musa e natureza se avivam, tudo é alegria. Para ilustrar o primeiro comentário, usaremos o romance 29.

Nesse romance, o eu lírico contagia a natureza com sua tristeza e melancolia hiperbólica. Personifica-a e faz que fontes murmurem, flores fiquem tristes, pássaros cantem exéquias e pedras chorem. Os entes da natureza, enfim, são retomados, por meio da *enumeração*,[7] no fim do poema. Assim, dá-se ênfase àqueles que compartilham as dores causadas pela ausência da bela ninfa, Beliza.

Outra característica nos romances bucólicos de Fonseca Soares é uma situação em que a musa está enferma e sua debilidade contagia a natureza. O seu estado de saúde é fator que determina o clima. Nos romances 61 e 83 destacam-se essas características. Na primeira estrofe desses dois romances, o eu lírico faz alusão à saúde de sua musa e ao clima da natureza, o qual é relacionado à condição física da mulher, como podemos observar nos excertos abaixo:

> Mil parabéns bella Clori
> o Céu, e o prado vos renda
> *porque nas melhoras vossas*
> *é bem que tudo se alegre* (romance 61, grifos nossos)

---

pelo Barroco e Neoclassicismo, como ainda nos dias atuais têm-se as *Bucólicas* como suscetíveis de novas elucidações em singular grandeza". Fonseca provavelmente bebe dessa fonte e dilui o clima bucólico no barroco de seus romances.

7 A enumeração é um *topos* da poesia pastoral de longa tradição. Curtius (1984, p.139) comenta que: "O teatro espanhol utilizará o estilo medieval da enumeração acumulada até as últimas possibilidades. Calderón dispõe de listas completas: todos os elementos da natureza e todos os seus habitantes se encaixam nelas como pedrinhas coloridas. Podem ser compostas em quaisquer modelos. Como num caleidoscópio, não param de surgir figuras novas: passagens retóricas brilhantes, cuja superabundância se despeja em cascata. Mas, a um exame atento, nota-se que tudo é bem-ordenado e simétrico. O *topos* pode ser empregado em qualquer contexto. Serve ao *pathos* heroico nas situações trágicas da vida".

Sem luzes andava o Sol
na doença de Francisca
que como tudo era noute
nunca pode ter bons dias (romance 61)

Notemos que, no romance 61, Fonseca Soares escolhe como musa de seu poema a deusa da primavera, Clori. Entretanto, no romance 83, ele usa o nome de uma mulher comum, Francisca. Desse modo, segue a tradição clássica no primeiro e, no segundo, guia-se pelo gosto barroco.

Nesses poemas, o *maravilhoso* barroco se instala na paisagem bucólica. Assim, a atmosfera pastoril torna-se hiperbólica, recheada de metáforas pictóricas e jogos antitéticos. No romance 83, temos belos exemplos disso:

Chorando o Céu vossos males
de negro luto se vista
que é mui proprio que o céu chore
vendo que *o sol adoeça*

O campo em vossos desmaios
o pompa florida perde,
que *quando a rosa se murcha*
o prado desmaios sente (grifos nossos)
....

Se era febre a vossa queixa
nunca temi, que *a febre*
sendo fogo, em neve tanta
muito tempo arder pudesse

Antes se *o fogo o intentou,*
que a neve em vos se acendesse
não se acendendo o nevado
gela o nevado o ardente (grifos nossos)

Nas primeiras duas estrofes, prevalecem o tom hiperbólico e as metáforas. A musa é comparada ao Sol e à rosa, e a natureza é personificada, assim o céu chora e o prado "sente desmaios". Nos últimos versos, há um jogo antitético, cujos principais elementos são fogo e neve. Dois lugares-comuns para designar a cor da pele da mulher e o estado febril.

A análise desses romances nos faz concluir que o bucólico fonsequiano segue prescrições de uma tradição pastoril clássica, todavia não deixa de lado o gosto agudo do poeta do Seiscentos que, ao pintar suas paisagens, orna o *locus*.

As letras e as armas

O tema das letras e das armas era comum na poesia do século XVII. Esse *topos*, segundo Curtius (1996), foi resgatado pelos renascentistas como "ideal cortesão". Desse modo, o nobre virtuoso era aquele que dominava o conhecimento das armas e das letras.

Nos romances de Fonseca Soares, esse tema aparece, sobretudo, com o uso do léxico bélico usado como material metafórico. Aqui, podemos traçar um ponto de intersecção entre a voz lírica e a vida do poeta, pois Fonseca Soares foi militar em vida e, portanto, foi homem de letras e armas, assim como muitos letrados de seu tempo.

Separamos dois romances para ilustrar esse tema. São eles o romance 90 e o romance 93. O primeiro é um poema alegórico que descreve uma cena de guerra para que o jogo do amor ou a guerra do amor se torne visível; o segundo é a descrição de um rosto feminino, todo construído por metáforas bélicas.

Nesses dois romances, o léxico da guerra é evidente. No romance 90, há 26 palavras do vocabulário marcial. Envolto por esse universo, está o amor e o desejo, que simbolizam o ritual de conquista homem-mulher. Nessa guerra, o vencido é o eu lírico que se rende aos fascínios da beleza de sua musa. Já no romance 93, o que está em evidência é o pintar de um quadro, cujo material descritivo são palavras do vocabulário bélico. Aproveitando uma tênue relação entre esse léxico e as partes que compõem a face de uma mulher, o eu lírico descreve um rosto belo e fatal como a guerra, capaz de cativar sua alma e de fazer que ele se renda diante de tal força.

Metalinguagem

Alguns romances desse estudo possuem características metalinguísticas, pois dialogam com os preceitos das práticas de escrita do século XVII. Nesses poemas, há o caráter prescritivo do decoro, cujos preceitos aparecem em versos que fazem alusão às formas poemáticas, à separação de gêneros e à preocupação com estilo ornado. Em seguida, transcrevemos alguns excertos para ilustrar o que foi dito.

Em primeiro, destacamos um excerto retirado do romance 59, o qual faz alusão às formas poemáticas, à divisão de gêneros e, adentrando no gênero retórico epidítico, ao que é digno de louvor ou vitupério.

> *Que haja sonetos a Clori*
> *que haya décimas a Fênix*
> *He bem, pois isto se paga*
> é bem quando aquillo rende
>
> Mas estar sempre em aberto
> a tantos que nos cometem
> que é senão como devassa
> até que haja quem vos [serre]
>
> Vos ereis aquella ninfa
> que estaveis zombando sempre
> de que pellos calcanhares
> nem ainda o sol vos desse (romance 82, grifos nossos)

Nesse romance, fica clara a norma do decoro que prescreve a divisão de gênero. Algumas formas poemáticas, como os sonetos e as décimas citados no excerto acima, são destinadas a estilos mais elevados e, consequentemente, estão ligadas a temas nobres. A musa desse poema (Dafne) não é digna de louvor; o que cabe a ela, na verdade, é o vitupério. Cantar um tipo vicioso em formas poemáticas como as décimas e os sonetos seria infringir as regras do decoro. Fonseca Soares aplica, de forma engenhosa e irônica, esse conceito para denunciar sua musa como tipo "inferior".

Outro exemplo aparece no romance 59, no qual o eu lírico canta uma padeira "comezinha da cara".

Escutai me os quatro versos
posto que a *Musa anda fraca*
que posta a pão de padeira
não pode andar muito farta (grifo nosso)

Nesse poema, justifica ironicamente sua "falta de inspiração" ou a suposta qualidade baixa do poema por meio da ideia da divisão de gêneros. Uma musa "comezinha da cara", um tipo vulgar não lhe renderia uma poesia elevada; assim, o eu lírico se conforma com uma poesia "menor" compatível com a musa cantada.

O discurso retórico é posto à luz no romance 79. Neste, o eu lírico comenta uma carta recebida de um amigo. Num determinado momento da poesia, profere os seguintes versos:

Tantas cousas tão bem ditas
diz vossa *carta discreta*
que é *cada regra hum_discurso*
e um *concei[t]o cada letra* (romance 79)

O amigo prudente escreve uma carta com pompa de discurso retórico elaborado. O gosto pela escrita ornada e aguda do homem desse tempo fica evidente nesses versos. O texto hermético carrega um "conceito em cada letra", sugerindo a homografia e homofonia das palavras, pois o poeta engenhoso sabe que as letras ou fonemas podem ser matéria para jogos estilísticos; exemplo disso são as paronomásias e trocadilhos muito usados por Fonseca Soares. Assim, o poeta faz alusão ao gosto pelos jogos conceituais – práticas conceptistas arraigadas na escrita dos Seiscentos.

Enfim, temos o romance 26, cuja musa, de beleza exemplar, é descrita como aquela que não precisa de "adornos", pois possui ornatos "superiores".

Deixai meus olhos *enfeites*,
deixai galas meus amores,
para outrem são os alinhos,
os adornos são para outrem

Supérfluo o cuidado julgo
com que essa gala compondes,
quando por *conta enfeitar* vós
só da natureza corre

Aia vossa é que nos veste
de *ornatos tão superiores*,
que da vossa gala a vista
todas as mais galas morrem

Na fermosura os descuidos
parecem dar te os primores
que não prevenida a seta
faz maior *efeito* o golpe

Que às vezes os desalinhos
premitem que os olhos Logrem
d'alma superiores vistas
Que avarenta a gala encobre (romance 26, grifos nossos)

Esse poema sugere não só a descrição de uma bela musa, mas também o estilo agudo de escrita, em que as palavras "adorno" e "ornato" mantêm relação direta com os padrões de escrita barrocos. Desse modo, podemos pensar que, assim como uma mulher que possui beleza elevada pode prescindir de certos adornos e ter certos desalinhos, o poeta que escreve uma boa poesia por meio do engenho das palavras pode ser "perdoado" por certos "descuidos", pois o que está em xeque é o conceito de unidade na composição de uma obra de arte. Horácio (1984, p.107-8) a esse respeito declara que "quando inúmeras qualidades brilham num poema, não vou ofender-me com alguns defeitos, deixados escapar por certa incúria ou porque a natureza humana os soube evitar".

Considerações finais

Antônio da Fonseca Soares usa linguagem simples em seus romances. Os versos redondilhos maiores contribuem para uma fluência, chegando muito próximo da oralidade. O eu lírico, sempre se dirigindo a um interlocutor, lança suas palavras como se estivesse numa conversa presencial. Tais palavras são carregadas de procedimentos da prática de escrita retórica e querem, acima de tudo, persuadir. A tática de convencimento muitas vezes vem carregada de ironia, humor e erotismo.

Por se tratar de poemas satíricos e eróticos, de acordo com as regras do decoro essa poesia se enquadra nos gêneros poéticos "menores". Entretanto, isso não significa que seja descuidada e sem esmero. Nos manuais de retórica e poética antigos, há uma preocupação patente com a escolha das palavras. Horácio dedica alguns versos acerca desse assunto em sua *Arte poética*. Também Aristóteles se preocupa com a linguagem e fala sobre isso nas suas *Arte retórica* e *Arte poética*. Os poetas seiscentistas necessariamente seguem essas prescrições somadas ao cultuado gosto pela escrita ornada. Desse modo, a invenção é posta em segundo plano e a elocução sofre hipertrofia, ornando os *topoi* e temas estanques da tradição clássica.

Acerca da poesia dita culta e vulgar cultivada pelos poetas barrocos, Silva (1971, p.484) afirma que:

> [...] tanto a poesia culta como a poesia "vulgar" testemunham, embora em níveis diferentes, uma das características fundamentais do estilo barroco: uma extraordinária capacidade de invenção verbal, uma quase volúpia em jogar com a linguagem, conduzindo-a a um estado de tensão contínua, arrancando às palavras os mais recônditos, variados e surpreendentes matizes semânticos, criando, enfim, com os significados e os significantes, uma festa para o engenho e para os sentidos.

Os romances de Fonseca Soares estão carregados dessa "invenção verbal", dessa "volúpia em jogar com a linguagem". Por mais simples que seja a linguagem, por mais corrente que seja, está envolta nos jogos conceituais e no efeito ornado retirado dos tropos retóricos. Destacam-se, sobretudo, as metáforas e os jogos antitéticos, mas não podemos esquecer as paronomásias, os quiasmas, as hipérboles, os hipérbatos, os vocativos, as alegorias e uma gama de outras figuras ornando o discurso poético, gerando uma linguagem ambígua e polissêmica. Com tais recursos expressivos, o poeta torna o aparentemente simples em agudo, ou seja, beirando ao hermetismo.

Silva (1971, p.481) faz o seguinte comentário acerca dos romances de Antônio da Fonseca Soares:

> Fonseca Soares, nos seus numerosíssimos romances, cultivou repetidamente uma linguagem desafetada, correntia, despida de galas e de alardes cultos, tombando até, não raras vezes, num deslavado prosaísmo. O lírico que se sabia guindar até às culminâncias do estilo gongórico, hermético e lantejoulante, era também capaz de se cingir a uma linguagem quotidiana, familiarmente coloquial e afetiva.

Com efeito, nos romances de Fonseca Soares há uma feliz mistura, acrescentando uma linguagem simples ao estilo ornado de se fazer poesia, gerando um efeito que se faz *claro* e *escuro* e que exige um leitor atento, preparado para entender complexos jogos de sentido. Essa brincadeira semântica envolve preceitos retórico-poéticos da Antiguidade clássica e conceitos político-religiosos da época, envolvendo a Igreja Católica Romana e a sociedade de corte.

Portanto, o decoro prescreve para cada gênero formas e maneiras peculiares de se construir o discurso poético. Escolher o tema, a forma poemática, selecionar palavras, dispô-las no enunciado, talvez seja a fórmula. Entretanto, é preciso saber muito mais para trabalhar com modelos já consagrados pela tradição, para transformá-los de modo a superá-los. Esse talvez tenha sido o grande desafio dos poetas do Seiscentos. Fonseca Soares escreveu sua poesia sob essas prescrições, enfrentou esse desafio e venceu-o, pois sua obra poética está viva até hoje. É poeta prudente e engenhoso, de prudentes palavras, digno representante de seu tempo.

5
UT PICTURA POESIS: A POESIA DESCRITIVA DE ANTÔNIO DA FONSECA SOARES

Luís Fernando Campos D'Arcadia

> *"quanto florida na cores*
> *tanto florida em conceitos"*
> Romance 32

Nos versos acima, Antônio da Fonseca Soares metaforiza a boca de sua "Senhora". Unificando a "cor", da bela aparência, e "conceitos", da agudeza das palavras, a Senhora de Fonseca, de forma engenhosa, equivale a uma pintura ou a um poema ornado, "florido", de acordo com modelos de perfeição autorizados pelas disciplinas de retórica e poética. De fato, "cores" e "conceitos" são termos tomados pelo poeta de um vocabulário técnico, reaproveitando uma tópica de comparação entre as artes da pintura e da poesia cuja presença em trabalhos de preceptistas remonta à *Poética* aristotélica. No século XVII, esse intercâmbio entre as duas artes era constante na produção poética e se manifestava em fenômenos tais como o de "emblemas", "empresas" e "divisas" (cf. Hansen, 2006). Leia-se um preceptista contemporâneo a Fonseca Soares, Manuel Pires de Almeida, que abre da seguinte maneira seu tratado intitulado *Poesia e pintura ou pintura e poesia*:

> Grandes são as proporções, grandes são as semelhanças, concordâncias, ou simpatias, que têm a tinta, e a cor, a pena e o pincel.

102 CARLOS EDUARDO MENDES DE MORAES (ORG.)

[...] Simbolizam entre si como irmãs gêmeas, e parecem-se tanto, que quando se escreve se pinta, e quando se pinta, se escreve. (apud Muhana, 2002, p.69)

A tradicional homologia (ou até mesmo a equivalência) de aspectos visuais e poéticos na representação, que está explícita no texto de Manuel Pires de Almeida, é índice de uma preceptiva de intercâmbio entre duas técnicas artísticas que contribuem para a compreensão do uso da descrição na produção seiscentista de Fonseca Soares.

O íntimo relacionamento entre as artes no século XVII levar-nos-á inevitavelmente a um excurso para o exame de uma de suas divisas mais presentes na tradição retórica e poética: o *ut pictura poesis*, enunciado pelo romano Horácio (1984) em sua *Arte poética*. Uma vez que nos propomos a uma abordagem que procura reconstituir uma prática histórica que deu à luz o manuscrito 2998 da Sala de reservados da Biblioteca Geral da Universidade de Coimbra, procuraremos ainda desvelar procedimentos de retórica e de poética que fundamentam as descrições no período; para isso, empreenderemos o estudo da ferramenta retórica conhecida como *evidentia*, assim como a análise de aspectos do conceptismo engenhoso barroco.

Ut pictura poesis e o decoro da representação

A comparação entre pintura e poesia enunciada por Horácio em sua *Arte poética* já foi considerada a partir de uma multiplicidade de perspectivas desde que foi lida pela primeira vez e certamente ainda pode dar ensejo a inúmeras considerações. Como escreve o professor norte-americano Wesley Trimpi (1978, p.2, tradução nossa),

A analogia pode ser considerada à luz da epistemologia, da psicologia e da percepção visual, da representação pictórica em relação à écfrase retórica, da rivalidade entre disciplinas artísticas, da retórica, ou uma combinação de uma ou mais dessas atividades. Eu argumentaria que Horácio trabalha principalmente num âmbito de um contexto específico na história da retórica, não obstante o quão sugestivo os outros contextos possam ser, e que ele não está preocupado diretamente com representação pictórica e literária nessa passagem em particular.

Essa posição de Trimpi quanto a interpretar o *ut pictura poesis* de um ponto de vista retórico remonta ao Capítulo XII do terceiro livro da *Arte retórica* de Aristóteles, como o próprio Trimpi (ibidem, p.3) indica, quando o estagirita contrapõe os estilos oratórios apropriados aos três gêneros (demonstrativo, judiciário e deliberativo). Nessa passagem, Aristóteles também compara pintura e oratória:

> O estilo escrito [demonstrativo] é o mais exato; o estilo das discussões é mais dramático. Este último comporta duas espécies: uma traduz os caracteres [judiciário], a outra, as paixões [deliberativo]. [...] O estilo que convém nas assembleias do povo assemelha-se, e em muitos pontos, ao desenho em perspectiva; quanto mais numerosa é a multidão dos espectadores, mais afastado deve ser o ponto donde se olha. Pelo que, a exatidão dos pormenores é supérflua e causa mau efeito tanto no desenho quanto no discurso. No entanto, a eloquência judiciária requer maior exatidão, sobretudo quando nos encontramos diante de um só juiz, pois em tal caso não podemos usar senão em pequena escala dos meios da Retórica. (Aristóteles, [19-], p.203-4)

O trecho no qual a divisa horaciana está explicitada se encontra entre os versos 361 a 365 de sua *Arte poética*. Citaremos agora a tradução deste trecho feita por R. M. Rosado Fernandes (1984, p.109-111):

> Como a pintura é a poesia: coisas há que de perto mais te agradam e outras, se a distância estiveres. Esta quer ser vista na obscuri-

104 CARLOS EDUARDO MENDES DE MORAES (ORG.)

dade e aquela à viva luz, por não recear o olhar penetrante dos seus críticos: esta, uma vez só agradou, aquela, dez vezes vista, sempre agradará.

O tradutor, Fernandes, anota neste trecho:

A imagem da pintura comparada à poesia (devido à *mimesis*) é muito frequente na antiguidade. Basta lembrar um símile congênere de Plutarco [...] que nos diz "ser a pintura poesia calada e a poesia pintura que fala". (in Horácio, 1984, p.109)

O símile de Plutarco acima referido é, de fato, uma citação de Simônides de Céos, poeta lírico grego, que diz que a pintura é uma poesia muda, e a poesia é uma pintura que fala (cf. Campbell, 1991, p.368). Como Fernandes salienta nessa referência a Simônides, há a vinculação poético-retórica do princípio à noção de mimese, guiada pelo preceito aristotélico de verossimilhança: "[...] Não é ofício do poeta narrar o que aconteceu; é, sim, o de representar o que poderia acontecer, quer dizer: o que é possível segundo a verossimilhança e a necessidade" (Aristóteles, 1966, p.78).

Como demonstraremos adiante, essa noção aristotélica de *verossimilhança* é o critério de julgamento da obra de arte adotado até o século XVII, período de Fonseca Soares, no sentido de averiguar-lhe a adequação ao decoro dos gêneros de imitação.

Os gêneros, na concepção de Aristóteles, são apresentados dentro de uma classificação sistemática das artes no mundo grego antigo. Os critérios que enumera para classificar as artes são *meios*, *objetos* e *modos*. E os gêneros de imitação que define com esse instrumental teórico são: "A epopeia, a tragédia, assim como a poesia ditirâmbica e a maior parte da aulética e da citarística" (ibidem, p.68-9). Diz que elas imitam "com o ritmo, a linguagem, e a harmonia, usando estes elementos separada ou conjuntamente" (ibidem, p.69). No que diz respeito à pintura, parecem ser pintores os que "exprimem-se por cores e figuras" (ibidem, p.69), termos recupe-

EROTISMO E RELIGIOSIDADE **105**

rados pelo século XVII e que informam obras como o tratado de Manuel Pires de Almeida, citado no início deste capítulo.

Ao nos atermos à questão da comparação entre poesia e pintura, Aristóteles, com efeito, em sua *Arte poética*, reproduz muitas vezes o símile.[1] Ele afirma a homologia dos procedimentos das duas artes em passagens como: "O poeta é imitador como o pintor ou qualquer outro imaginário" (ibidem, p.99), ou, no Capítulo XV, que o poeta, ao construir os caracteres, deve "seguir o exemplo dos bons retratistas" (ibidem, p.85). A obra do romano Horácio (1984, p.51), por sua vez, tem já em seu início uma comparação entre a poesia e as artes pictóricas:

> Se um pintor quisesse juntar a uma cabeça humana um pescoço de cavalo [...] conteríeis vós o riso, ó meus amigos, se a ver tal espetáculo vos levassem? Pois crede-me, Pisões, em tudo a este quadro se assemelharia o livro, cujas ideias vãs se concebessem quais sonhos de doente, de tal modo que nem pés nem cabeça pudessem constituir uma só forma.

Esse trecho, claramente, compreende a imitação poética como subordinada à coerência das partes de um todo entre si ("juntar a uma cabeça humana um pescoço de cavalo") além da íntima relação dessa coerência com a expectativa de recepção do público ("Conteríeis vós o riso?"). No que diz respeito à comparação dos versos 361 a 365, o *ut pictura poesis*, Trimpi (1978, p.31, tradução nossa) ressalta que o símile é apresentado por Horácio logo após sua defesa de Homero; trata-se de uma justificação dos "erros" ao qual um poema longo está tradicionalmente sujeito:

> Ao avaliar poemas, segundo minha interpretação das palavras de Horácio, deve-se permitir erros não intencionais (menores)

---

1 Eudoro de Sousa, tradutor da obra aristotélica, indica as comparações entre pintura e poesia na *Poética* de Aristóteles em seu *Índice analítico da Poética* posposto à sua tradução, no verbete "Pintor" (p.236).

106 CARLOS EDUARDO MENDES DE MORAES (ORG.)

quando as excelências superam em número as faltas ou quando a obra é longa. Já que algumas faltas em detalhes, que incomodariam o leitor que examina de perto, seriam "absorvidas" pela apresentação oral, as convenções estilísticas da épica, que o crítico responsável deve considerar, permitem uma certa falta de acabamento, sem importar o que se pode pensar em contrário.

Para chegar a essa conclusão, Trimpi (ibidem, p.30, grifos nossos) analisa os cinco versos do poema que se iniciam com recurso *ut pictura poesis* no esquema que reproduzimos a seguir:

ut pictura poesis: erit quae, si *propius* stes [A_1],
te capiat magis, at quaedam, si *longius* abstes [A_2];
haec amat *obscurum* [B_1], volet haec *sub luce* videri,
judicis argutum quae non formidat acumen [B_2];
haec *placuit semel* [C_1], haec *deciens repetitia placebit* [C_2].

Trimpi (ibidem, p.30) distingue três categorias nas quais se operam a avaliação da obra de arte na concepção de Horácio: *distância* ("*distance*"), indicada por "A", *luz* ("*light*"), indicada como "B", e *capacidade de agradar repetidamente* ("*power to please on repeated occasions*"), "C". Com os números subscritos, ele indica extremos nessas categorias, os quais constituem os termos das três comparações. O autor ainda esclarece alguns aspectos, tais quais o valor que Horácio atribui a cada termo das comparações e a definição de qual gênero "amaria o *obscurum*". Aponta para uma tradição que interpreta uma estrutura quiástica de valoração entre a primeira comparação com as duas últimas: A_1 estaria paralelo a B_2 e C_2 como a melhor escolha, e A_2 paralelo a B_1 e C_1, como a pior. Portanto, a obra que deve ser vista de perto é aquela que quer ser vista sob a luz e que agrada várias vezes, e aquela que é apreciada de longe é que "ama o obscuro" e a que agrada somente uma vez.

Trimpi, entretanto, questiona essa interpretação tradicional: segundo o ensaísta, a relação entre *obscurum* e *sub luce* (assim como os outros termos) representa um contraste equivalente ao que existe entre os ambientes da *schola* (onde há tempo para se apreciar detalhes e estudar questões) e do *forum* (lugar onde predominam preocupações pragmáticas e onde a minúcia dos detalhes não tem importância), que retoma a distinção entre os estilos dos gêneros oratórios em Aristóteles:

> A distinção de Aristóteles entre os estilos "escrito", privado, refinado e o "falado", público e menos meticuloso foi transposta para as convenções e hábitos literários augustanos. O estilo próprio para o escrutínio [A_1] em pinturas e poemas corresponde ao estilo refinado e muitas vezes preciosista das escolas ou *auditoria*, o qual deve ser apreciado em segurança em um lugar *umbroso et obscuro* sob *delicatae umbrae* [B_1]. O *obscurum* não é amado porque é *escuro*, mas porque é *ensombreado*, privado e vinculado ao lazer, mais confortável que o calor do sol do fórum (*sub luce*), onde o juiz – agora visto como um verdadeiro *iudex* (quem Horácio está metaforicamente comparando com o crítico) – examinará o que se diz sem nenhuma predisposição. (ibidem, p.10, tradução nossa)

Quanto ao terceiro termo da comparação, *uma vez* e *dez vezes repetida*, Trimpi interpreta essa repetição como a atualização das palavras escritas, ou seja, o papel cumprido pela *actio* retórica, que torna sempre nova, ou seja, sempre apreciável, a palavra do orador pela assembleia, por mais que a assembleia conheça o que é dito. Em poesia, isso á aplicável a Homero:

> Em Homero, a história em geral será familiar, e, com efeito, muitas passagens serão conhecidas de cor, entretanto, a apresentação será sempre diferente e, talvez, até mesmo a composição será sutilmente alterada, toda vez que é ouvida. (ibidem, p.14, tradução nossa)

A relação entre as comparações seria, portanto, um paralelismo mais simples do que a tradição costuma interpretar: estaria em paralelo o *obscurum* com o que deve ser visto de perto e uma só vez

108 CARLOS EDUARDO MENDES DE MORAES (ORG.)

e vice-versa; a relação de paralelos é, portanto, $A_1 // B_1 // C_1$ e $A_2 // B_2 // C_2$.[2]

Trimpi conclui, então, a partir do *ut pictura poesis*, o seguinte em relação à definição do estilo em literatura:

> A matéria elevada da épica requer um estilo comparável ao visualmente pouco articulado, representação como os painéis em perspectiva da figura de Horácio que é mais distante e a ser vista à plena luz. Os temas mais familiares da vida cotidiana requerem um estilo comparável às linhas meticulosamente exatas e as cores arranjadas de maneira sutil da pintura que deve ser examinada bem de perto que "ama" o *obscurum* para sua própria proteção. (ibidem, p.49, tradução nossa)

Pode-se ver que há uma articulação tema-forma, que constitui o *decoro* que rege as diferenças entre um estilo mais *cuidado* e um estilo mais *rude*, tanto nas artes literárias, a retórica e a poética, quanto na pintura.

Ainda no esforço de situar o trecho célebre dentro do poema, Trimpi comenta as palavras de Horácio imediatamente posteriores ao verso 365. Esse trecho trata da concepção de prazer estético horaciana; Trimpi nota a falta de "tolerância" de Horácio perante poemas "medíocres":[3] ao comparar a poesia a um banquete, Horácio entende que, "se a poesia é falha em deleitar, ela falha completamente" (ibidem, p.52, tradução nossa).

Trimpi, então, procura justificar filosoficamente o valor dado a Horácio para o *decorum*. Ele se fundamenta na divisão entre as noções platônicas de prazeres da *razão* e dos *sentidos*, segundo a qual há uma escala crescente de "pureza" para que seja possível alcançar

---

2 Esta relação é, inclusive, mais simples, mais coerente com a clareza de estilo que Horácio propõe para sua própria poesia.

3 O termo "medíocre", aqui, é utilizado em um sentido negativo, não se trata do conceito de *mediocridade áurea*, que tem um sentido positivo na concepção poética de Horácio.

o *Bom*[4] (*"Good"*); o autor baseia nisso, também, a preferência de Horácio por um público com uma "sensibilidade educada": "uma 'sensibilidade educada', meio racional, meio sensorial, [...] tem o poder de discriminar entre os 'efeitos' puros das artes plásticas" (ibidem, p.62, tradução nossa). Da dicotomia platônica, surgem os dois adjetivos pelos quais Horácio classifica o prazer estético (vv. 99-100: *"non satis est pulchra esse poemata: dulcia sunto / et quocumque volent animum auditoris agunto"*): obras *dulces* são belas no sentido de agradar aos sentidos e emocionar, obras *pulchrae* são belas no sentido de agradar à razão, satisfazendo "as exigências educadas do intelecto por uma habilidosa incorporação de convenções poéticas" (ibidem, p.64, tradução nossa). Essas afirmações a respeito da função de deleitar são importantes nos comentários que faremos a respeito do uso da metáfora visual de Fonseca Soares, especialmente se considerarmos que muito da poesia de Fonseca Soares é direcionada a um público educado, "prudente" e cortesão.

Na trajetória da retórica e da poética da Antiguidade até a prática de produção poética de letrados do século XVII, muitas das noções acima examinadas permanecem no centro das preceptivas que orientam o modo de escrever. João Adolfo Hansen (1995, p.204), em seu ensaio *"Ut pictura poesis* e verossimilhança na doutrina do *conceito* no século XVII"*, esforça-se para fazer a ponte entre os períodos, evo-

---

4 Trimpi cita do *Filebo*, de Platão, cinco categorias que definem o Bom, duas das quais transcrevemos, por o ensaísta considerar a base da teoria horaciana. Escreve Trimpi (1978, p.60-1, tradução nossa) sobre essas categorias: "[...] 4) atividades pertencentes particularmente à alma, tais como as ciências (*episteme*), artes (*techne*) e opinião verdadeira (*doxa aletheia*) 5) 'os prazeres que separamos e classificamos como sem dor, os quais chamamos prazeres puros da alma em si, aqueles que acompanham o conhecimento (*episteme*) e, por vezes, percepções (*aisthesis*).' Esses prazeres puros da alma foram já ditos serem da mesma natureza da razão e da prudência [...] e, aqui, serem companheiros próprios tanto das artes mais exatas e das ciências assim como das menos exatas artes 'conjecturais', como a música, que deve ser adquirida primeiramente por experiência prática. É a dupla associação do prazer não misturado (da quinta categoria de Platão), que – sem sofrimento – alguém poderia dispensar com ambos o conhecimento técnico de uma arte 'mais pura' e a sensibilidade treinada de uma arte 'conjectural' menos pura (de sua quarta categoria) que precede as admoestações críticas de Horácio a respeito do prazer da alma."

110 CARLOS EDUARDO MENDES DE MORAES (ORG.)

cando o *ut pictura poesis* como ainda o regulador retórico-poético do decoro dos gêneros, em suas palavras, tanto *interno* quanto *externo*:

> Como uma doutrina da proporção decorosa dos efeitos das obras, o *ut pictura poesis* fundamenta-lhes a apreciação como ponderação do juízo. Por isso, a justeza elocutiva da obra, como decoro interno das imagens, também evidencia, como decoro externo, a equidade do juízo que lhe proporciona o estilo como conformação urbana ao costume das autoridades do seu gênero.

A dicotomia que estabelece entre decoro *interno* e *externo* é explicada: no primeiro, estariam as "adequações estilísticas das partes da obra ao todo" e, no segundo, estaria a "adequação da obra à circunstância convencionada de recepção" (ibidem, p.205). É interessante a observação de Hansen (ibidem, p.204) sobre a natureza *retórica* desse preceito, em conformidade, também, com a concepção de Trimpi:

> A ordenação não é psicológica, obviamente, como expressão de uma consciência autorreflexiva e autonomizada de preceitos, como se pensa a partir da segunda metade do século XVIII, quando a instituição declina e é substituída pela subjetivação romântica da elocução. É retórica, isto é, mimética e prescritiva, objetivada nas práticas artísticas em esquemas que especificam usos autorizados por uma "jurisprudência" de bons usos.

Hansen, então, também como Trimpi, vincula o símile horaciano às três grandes funções retóricas. Após nomear os três pares de oposições baseando-se nos critérios de *distância, claridade* e *número*, liga-as, respectivamente, às funções de *comover, ensinar* e *deleitar*. O professor brasileiro ainda acrescenta elementos da filosofia platônica para a compreensão do princípio, ao evocar os conceitos de imagem *icástica* e *fantástica* para complementar a explicação do preceito horaciano: o primeiro conceito seria uma imagem que mimetiza de maneira exata a natureza, o conceito indica uma imagem "deformada", a qual só encontra uma forma verossímil quando o

EROTISMO E RELIGIOSIDADE   111

espectador coloca-se no ponto de vista adequado. Hansen (ibidem, p.206) exemplifica com uma alegoria retirada de uma obra do preceptista italiano seiscentista Emmanuelle Tesauro:

> Os atenienses encomendaram uma cabeça de Palas Atena a Fídias e a Alcmene para ser colocada num lugar alto. Quando as peças foram submetidas aos juízes, todos riram muito da de Fídias, que parecia apenas grosseiramente esboçada, e muito admiraram a de Alcmene, que mostrava todas as linhas diligentemente definidas. Mas Fídias, escreve Tesauro, tinha o engenho mais agudo que o escalpelo e pediu que as cabeças fossem colocadas longe, sobre duas colunas elevadas. Então a sua, reduzidas pela distância à proporção adequada, apareceu belíssima e a de Alcmene, tosca e mal-formada.

O estudioso continua:

> Como alegoria do *ut pictura poesis*, o exemplo figura o intervalo que vai dos efeitos aos afetos propondo que deve ser um intervalo regrado como maior ou menor congruência das partes da obra, quando esta é posta em relação com um ponto de vista determinado. (ibidem, p.206)

No século XVII, utiliza-se o *ut pictura poesis* como princípio retórico de construção e recepção do discurso, para justificar os "exageros" das letras chamadas barrocas. Esse princípio justifica tanto o estilo "hermético" de enigmas, em que há o "uso generalizado da agudeza, ou 'ornato dialético enigmático' [...]" no qual é exigido "um ponto de vista fixo para serem justamente avaliadas e fruídas, e que é calculado, segundo a racionalidade de corte que as anima, como engenho, juízo, prudência e discrição" (ibidem, p.208). Assim como o *ut pictura poesis* justifica esse estilo, justifica também o estilo claríssimo e rude da sátira de Gregório de Matos, a linguagem chula e as imagens inverossímeis são próprias da sátira e do cômico. Sobre a sátira, Hansen (ibidem, p.211) escreve:

112 CARLOS EDUARDO MENDES DE MORAES (ORG.)

[...] o cômico deforma, como imagem fantástica, a imagem icástica da opinião, de modo que o destinatário veja, nos efeitos, a contradição entre o conhecimento que tem dos opináveis das matérias figuradas – *endoxa* retóricos e *eikona* poéticos – e a deformação com que são tratados. No intervalo, evidencia-se para ele o ponto fixo da virtude donde o monstro deve ser visto, como desproporção proporcionada a um fim: divertindo com a maravilha dos excessos, a representação simultaneamente ensina e move, pois captura a desproporção com a correção icástica, que adere a valores estabelecidos da opinião.

Essas considerações de Hansen são relevantes para o entendimento do *corpus* de romances contidos no manuscrito 2998, atribuídos a Antônio da Fonseca Soares, os quais mostram tanto uma expressão elevada quanto baixa, com poemas tanto sérios quanto satíricos e eróticos. Se colocarmos lado a lado dois poemas, o princípio do *ut pictura poesis* fica evidente; ao analisarmos, por exemplo, trechos do romance 11, *Amor por esta vos juro*, e do romance 100, *A colher flores ao Prado*, o uso decoroso dos estilos poéticos é claro. Vejamos um trecho do romance 11:

> Filho de Marte, e da Vênus
> vossa prosápia aplaudis,
> mui prezadinho deter
> pai guerreiro, e mãe gentil
>
> Vê dela quem Vênus foi,
> e quem foi Marte adverti
> ela uma puta safada
> Ele um pobre Espadachim
>
> Entre uns cornos vos geraram
> e quando mais prezumis
> tendes por princípio um corno
> de vossa fama clarim

Nesse trecho do poema, vemos uma mescla de procedimentos retóricos, como o uso do lugar da *origem*: Aristóteles ([19-], p.63)

EROTISMO E RELIGIOSIDADE **113**

indica – Capítulo IX do Livro II da *Arte retórica* – a possibilidade de, ao louvar ou vituperar alguém, analisar "se as ações de um homem são dignas de seus antepassados". Aqui Fonseca Soares se utiliza dessa tópica desqualificando os antepassados do vituperado. Este, soberbo ("prosápia"), tem por antepassados os deuses Marte e Vênus, os quais, segundo a mitologia, mantêm uma relação adúltera; Vênus era esposa de Vulcano, o "corno" a quem Fonseca Soares alude ("Entre uns cornos vos geraram"). Nesse resgate da tópica da origem, o insulto "corno" é especialmente grave se considerarmos a sociedade cristã e cortesã do século XVII, uma vez que mescla aspectos como "[...] o amor *contra naturam*, incontinência fora do casamento, a limpeza de sangue, a confusão das descendências [...]" (Hansen, 1989, p.341); "corno" é triplamente ofensivo, articulando ainda a mulher como "puta" e o filho como "bastardo". Note-se, no trecho citado do poema, o destaque que Fonseca Soares dá ao "corno", pois ainda constrói uma metáfora apelativa visualmente, explorando a semelhança do chifre a um clarim, objeto ligado semanticamente ao universo da nobreza, mas tendo aqui seu valor invertido ironicamente para os fins de vitupério.

A elocução, nesse poema, faz uso de vocábulos chulos e está de acordo com uma prática histórica do vitupério retórico dentro de um romance, à qual Fonseca Soares não foge nem por um momento: voltado a uma audiência *vulgar* nos padrões cortesãos seiscentistas, o efeito obsceno e cômico do trecho, no contexto maior de um poema leve de amor cortesão, regulado pelo *ut pictura poesis*, deve ocorrer de forma *clara* e *de longe*, sendo totalmente compreendido quando lido *uma vez*.

Já o romance 100, *A colher flores ao Prado*, é um poema de caráter mais elevado. Nele, Fonseca Soares se propõe a louvar a beleza de duas musas. Há ali a presença de uma metáfora maravilhosa, que se aproxima do enigma:

> Pois sobre o cabelo nuvens
> daqueles dois céus subidos
> de tanta luz animada
> cada flor estrela brilha

Cada qual do antigo ser
vendo-se desconhecida
respira aromas fulgentes
fragrantes raios vibra

Enfim, que em tanto esplendor
absorto o mundo confirma
ou que o Céu baixava ao prado
ou que ao prado ao céu subia

Vemos a comparação dos cabelos das duas mulheres, ornados de flores, com o céu estrelado: as cabeças das mulheres são "dois céus subidos", os cabelos são "nuvens" e as flores são estrelas. Na segunda estrofe desse excerto, vemos duas imagens sinestésicas, nas quais os aromas são "fulgentes" e os raios são "fragrantes". Essa metáfora é mais hermética, sendo, se considerarmos o *ut pictura poesis*, obscura, no sentido em que ela deve ser apreciada longe de uma luz que pudesse mesmo ofuscar as duas estrelas que representam, exigindo que se as observem *de perto* e *várias vezes*. Ela está construída de acordo com a *agudeza* da Corte, segundo a qual, nas palavras de Baltasar Gracián (2005, p.122), em um de seus aforismos de *A Arte da Prudência*, "para ter valor, as coisas precisam ser difíceis: se não o entenderem o terão em mais alta conta".)

O *ut pictura poesis*, como tópica dos retores e como argumento que dita ao juízo educado o decoro correto, é recurso fundamental se nos propusemos analisar algumas imagens das descrições seiscentistas fonsequianas. As metáforas visuais engenhosas e a poesia descritiva que elas compõem são produzidas a partir da preceptiva que em muito é orientada por Horácio. Abordaremos em seguida, especificamente, a questão das metáforas visuais, cuja compreensão é necessária para a análise das imagens fonsequianas que se seguirá.

A metáfora engenhosa seiscentista e seu uso

Hansen (1995, p.201) acentua a importância da metáfora para os letrados do século XVII, que está ligada a uma concepção "aná-

EROTISMO E RELIGIOSIDADE **115**

loga" de conhecimento, em que se procura "meios indiretos para a figuração das ideias":

> [...] São meios *agudamente* indiretos, como agudeza prudencial ou discreta, que reatualizam na prática a assimilação feita no XVI de *lógica* (como dialética) e *arte* (como retórica): então, o conceito expresso nas obras é definido como "ornato dialético", entendendo-se a atividade artística como *técnica* de efetuar um modelo interior achado ou emulado pelo engenho.

Sendo impossível ao ser humano alcançar os conceitos diretamente, que seria prerrogativa exclusiva da divindade (no contexto da religiosidade católica da contrarreforma), esses meios indiretos são necessários; consistem na articulação de elementos da dialética e da retórica tais quais o ornato dialético e os lugares retóricos, cujos referenciais remontam à antiguidade, com elementos do espírito do século XVII, que estão incluídos nas ideias de prudência e de discrição. Hansen (ibidem, p.202) define ornato dialético como:

> [...] formulação mental resultante de operações da perspicácia dialética e da versatilidade retórica sobre os conceitos extremos de uma matéria tradicional, os seiscentistas deslocam a conceituação da metáfora, que passa de simples tropo ou ornato para a base da invenção [...].

Trata-se de uma noção que pressupõe uma inter-relação entre as disciplinas da dialética e da retórica, inter-relação que se deve, segundo Hansen (1989, p.235), ao fato de se "atribuir à dialética a função até então prescrita à invenção retórica e seus lugares". O professor ressalta que, nessa inter-relação dialético-retórica, a metáfora, mecanismo da elocução, ganha lugar privilegiado,[5] sendo

---

5 Hansen (1989, p.227) faz uma afirmação pertinente aos estudos sobre o período: o grande acento dado pelos letrados do século XVII e início do XVIII

116   CARLOS EDUARDO MENDES DE MORAES (ORG.)

ela produto do conceito trabalhado pela agudeza.[6] Se enquanto elocução o ornato dialético é metáfora, enquanto *dispositio* ele é compreendido como entimema, ordenado pela lógica aristotélica, que opera semelhanças entre gêneros e espécies (ibidem, p.245). O *engenho* é definido por Hansen (1995, p.203) como uma "'terceira faculdade' a um tempo dialética e retórica" que ordena, a criação de um "belo eficaz", segundo o qual os efeitos são calculados de acordo com o *ut pictura poesis* horaciano, como o pintor que calcula a perspectiva, articulando o decoro retórico como demonstração da "operação ética da prudência do autor". A metáfora, seguindo a tradição retórica de ascendência aristotélica, construída como um entimema, demonstra "um conceito da experiência poética do costume de casos retóricos"; a noção de *verossimilhança* na produção dos efeitos deve-se a essa intenção retórica, que requer a criação de *provas*, criando assim a "eficácia" da beleza poética (cf. o Capítulo II, Livro I, da *Arte retórica* de Aristóteles).

A visualidade da metáfora seria "o resultado exterior do *desenho interno*, o *conceito*" (ibidem, p.203). Essa predominância do sentido da visão remonta aos versos 180 a 182 da *Arte poética* de Horácio, que tratam da importância da performance do ator, que comove mais que suas palavras:[7] "O que se transmitir pelo ouvido, comove mais debilmente os espíritos do que aquelas coisas que são ofereci-

---

à elocução não deve ser interpretado como "liberdade" de um "romantismo" recorrente na história da humanidade, nem como um "excesso de ornamentação". A primeira entende um texto do século XVII como se fosse escrito por um contemporâneo de Victor Hugo, e o segundo compreende a partir de um ponto de vista clássico, o qual privilegia a *dispositio* una em detrimento da *elocutio* (ibidem, p.234-36); tais críticas são anacrônicas e interessadas, ignoram a historicidade dos textos: ignoram a noção de decoro poético inerente ao período.

6 Sobre a agudeza, Hansen (1998, p.239) escreve: "Ela é simultaneamente *dialética*, como técnica da análise das partes e oposição das partes subdivididas, e *retórica*, como técnica da síntese da metáfora e suas espécies".

7 Atente-se para a divergência com a doutrina aristotélica de desprezo pelo *espetáculo* em detrimento do *mito* (*Arte poética*, Capítulo XIV).

EROTISMO E RELIGIOSIDADE **117**

das aos olhos, testemunhas fiéis, e as quais o espectador apreende por si próprio"[8] (Horácio, 1984, p.81-3).

Deve-se ter em mente, no entanto, o sentido específico de "conceito", característico desse período e magistralmente definido por Adma Muhana (2002, p.52), no prefácio à sua edição do tratado de Manuel Pires de Almeida, *Poesia e pintura ou pintura e poesia*:

> O conceito, este nó de palavra e imagem, é a própria *ideia* tal como expressada por Cícero, numa conciliação aristotélico-platônica.[9] É ideia que, na mente, imita a forma (*eidos*) das coisas – sua essência e seu desenho. Aqui [no tratado de Almeida] – e em todo o Seiscentos – o conceito é a imagem das coisas, seu retrato genérico na alma, em relação ao qual as palavras são como imagens dessas imagens – porque as palavras são símbolos dos conceitos na alma, como recordam todos os leitores do *De Interpretatione* (I, 16a3), e são imitações, como autoriza a *Retórica* (III, 1, 1404a21). É nesse sentido que o conceito aparece como uma ideia-imagem, composta de forma e matéria, não uma abstração.

Consoante com Muhana, Hansen também destaca a metáfora barroca como principalmente pictórica, uma "definição ilustrada". Essa noção remete a Cícero e a Quintiliano. Ambos destacam o sentido da visão como a melhor fonte para a criação de metáforas para mover os afetos do espectador:

> Mas mesmo quando há grande número de termos próprios, não emprestados, as pessoas geralmente se agradam mais com metáforas

---

8 "*Segnius irritant animos demissa aurem, / quam quae sunt oculis subiecta fidelibus et quae/ ipse sibi tradit spectator [...]*". É interessante o uso da palavras *segnius*, que apresenta paralelo com o conceito de *desenho* como *segno de Dio*, ligado à concepção de agudeza e religiosidade católica, como indica Hansen (1995, p.202).

9 Como Muhana (2002, p.14) aponta, a noção de ideia perde o sentido negativo da filosofia platônica ao mesmo tempo que incorpora a noção de *universal* aristotélico; neste texto, entretanto, não aprofundaremos a questão.

118 CARLOS EDUARDO MENDES DE MORAES (ORG.)

bem escolhidas. Imagino que isso acontece porque é marca do gênio a expressões relativamente óbvias, fáceis, emprestá-las de assuntos pouco próximos; ou porque o ouvinte é levado a uma cadeia de reflexões, a qual o leva mais longe do que ele iria normalmente, mesmo sem sair do caminho: *isso é extremamente agradável;* ou isso se deve à expressão apresentar simultaneamente o objeto e sua imagem inteira; ou porque todas as metáforas, pelo menos aquelas melhor escolhidas, aplicam-se sobre os sentidos, especialmente a *visão, que, de todos os sentidos, é o mais excelente.* [...] as metáforas tomadas do sentido da visão são muito mais impressionantes, porque colocam no olhar da imaginação objetos que, de outro modo, seriam impossíveis de compreender ou ver [...]. Todo objeto do qual a semelhança pode ser extraída, pois ela pode ser extraída de todo objeto, *se aplicado metaforicamente, uma palavra tomada dele pode ilustrar o discurso.* (Cicero, 1822, p. 274, grifos e tradução nossos)

Está clara nesse trecho a predileção de Cícero pelo uso do procedimento metafórico e, além disso, pelo uso de metáforas que privilegiem o sentido da visão e "ilustrem o discurso"; a importância de metáforas pictóricas ainda está ligada às funções de *deleitar* e *mover* o leitor e servem de provas que constituam a eficácia retórica do discurso.

Considerando a racionalidade de corte, inerente ao período de Fonseca Soares, e a prática do procedimento metafórico, Hansen (1989, p.235) define a noção de *conceptismo* engenhoso, em que a metáfora é "operada à maneira de um pensamento revestido como imagem antes da expressão" e se torna "convenção artificiosa" que "perde o mundo". Esse exercício de linguagem centrado na metáfora acontece, "por três espécies de signos e de relações: por simples convenção; por certa conexão de inclusão ou sinédoque entre a coisa significante e a significada; e por semelhança[10] entre elas" (ibidem,

---

10 Essa relação de semelhança é, como escreve Hansen (1989, p.237), é "aristotelicamente determinada", operando através da aproximação de conceitos de acordo com analogias entre as categorias de predicação próprias ao sistema filosófico do filósofo estagirita. A explanação em detalhes desse processo transcende o âmbito deste texto.

p.236 e ss.). Esses tipos de metáforas características do conceptismo engenhoso são constantemente retomadas por Fonseca em nosso *corpus*. Metáforas tais quais os olhos que são sóis ou como setas que ferem, a mulher como flor, o fogo pela paixão erótica, são frequentes, assim como o processo metonímico do objeto pelos seus predicados (tais como "cristal", "neve", "nácar", "marfim", "ouro", "prata"). Muitas vezes, essas metáforas são desenvolvidas como artifício para amplificar o discurso e, no contexto da poesia amorosa e erótica, tem o objetivo de convencer a mulher, frequentemente "ingrata" ou "homicida", a ceder aos apelos da *persona* poética. Fonseca Soares também faz o uso desses procedimentos na construção de imagens em poemas preferencialmente descritivos, do gênero retrato, nos quais usa a técnica da *evidentia*, que comentaremos adiante.

As descrições, compreendidas nessa chave retórica, constituem uma espécie de prova definida nos manuais como *amplificação*, o argumento específico ao gênero demonstrativo, o gênero do "belo" e do "útil"; noções que, como Aristóteles indica em sua *Arte retórica* ([19-], p.60 e ss.), gravitam em torno de seu conceito de *virtude*:

> A virtude, segundo parece, é a faculdade que permite adquirir e guardar bens, ou ainda a qualidade que nos põe em condições de prestar muitos e relevantes serviços, serviços de toda a sorte e todos os domínios. As partes da virtude[11] são: a justiça, a coragem, a temperança, a magnificência, a magnanimidade, a liberalidade, a mansidão, a prudência e a sabedoria.

Essa conceituação de Aristóteles informa, na poesia de Fonseca Soares, a construção tanto de caracteres virtuosos quanto de viciosos na sátira, assim como definem os afetos demonstrados pela *persona* poética; sobre isso comenta João Adolfo Hansen (1989, p.301):

---

11 As "partes da virtude" são definidas por ele nas linhas que se seguem a essa citação e com mais profundidade em sua *Ética a Nicômaco* (Aristóteles, 1997), cujo comentário excede os objetivos deste relatório.

120 CARLOS EDUARDO MENDES DE MORAES (ORG.)

As descrições da sátira barroca ordenam-se segundo os paradigmas epidíticos "beleza" e "feiura". Aristotelicamente, conotam a moral, uma vez que só é belo o que é eticamente bom, sendo o feio moralmente mau. Nesta linha, os afetos parciais do gênero demonstrativo são o amor admirativo e a veneração ou o ódio execrador e o desprezo.

Apesar de essas palavras serem dirigidas à sátira de Gregório de Matos, descrevem perfeitamente os afetos do eu poemático fonsequiano e o caráter da pessoa a quem dirige seu encômio ou vitupério. Aos outros gêneros do discurso caberiam o *exemplo*, do gênero deliberativo e o *entimema* como pertencente ao judiciário;[12] no que diz respeito ao demonstrativo, o argumento por excelência é a *amplificação*: "Entre as formas comuns a todos os discursos, a amplificação é, em geral, a que melhor se presta aos discursos demonstrativos, porque nela o orador toma os fatos por aceites, e só lhes resta revesti-los de grandeza e de beleza" (Aristóteles, [19--], p.65).

Um preceptista que dista curto espaço de tempo do ambiente cultural de Antônio da Fonseca Soares,[13] frei Sebastião de Santo Antonio (1779, p.70) – autor de *Ensaio de Rhetorica, conforme o methodo e doutrina de Quintiliano, e as reflexões dos authores mais celebres* – tomando partido, aliás, de preceptistas latinos,[14] dá uma relevância maior ao procedimento da amplificação:

---

12 Essa relação está ligada ao tempo próprio de cada gênero: "Os exemplos acomodam-se mais ao gênero deliberativo, pois que nos servimos das conjeturas tomadas do passado para nos pronunciarmos sobre o porvir. Os entimemas convêm ao gênero judiciário; o que se passou, devido à obscuridade que o envolve, requer particular investigação da causa e da demonstração" (Aristóteles, [19--] p.65).

13 Pode-se observar na obra de frei Sebastião de Santo Antonio a mesmo ponto de vista quanto às disciplinas da retórica e poética, mesmo tendo sido publicada em 1779.

14 Para a relação entre preceptistas do período e os latinos, cf. o prefácio de Adma Muhana (2002, p.13) na obra *Pintura e Poesia ou Poesia e Pintura*, de Manuel Pires de Almeida.

EROTISMO E RELIGIOSIDADE **121**

Como ao Orador naõ sómente pertence convencer o entendimento dos ouvintes, mas tambem, e principalmente persuadi-los, e movê-los, para que ponham por obra o que se lhes propõe; naõ basta provar, é preciso amplificar as mesmas provas, fazê-las sensiveis e excitar as paixões do animo dos mesmos ouvintes.

Filiado à tendência iniciada pelos latinos do *bene dicere*, dando maior importância que Aristóteles à elocução, o frei destaca o papel do *mouere* como função retórica ligada à amplificação. Esse autor indica várias maneiras de *amplificar* o discurso e as divide em "por palavras"[15] e "por cousas",[16] que diz ser os modos mais comuns, também dizendo que se amplifica por meio dos lugares e por todas as figuras e tropos (ibidem, p.115 e ss.). Vários desses procedimentos são usados por Fonseca Soares em seus romances. Sobre a amplificação, esse preceptista ainda observa algo relevante para a compreensão da poesia de Fonseca Soares, no que diz respeito à disposição da amplificação no discurso; leiamo-lo:

[...] os argumentos mais firmes, querem que o seu lugar seja no princípio, e no fim da contenda; e que os menos firmes tenham o seu lugar no meio. O seu fundamento é o seguinte: Firmes no principio, para que os ouvintes formem logo bom conceito da justiça da causa: firmes no fim; porque estes são os que mais lembram [...]. Entre os argumentos ha huns que servem simplesmente para provar, outros para amplificar, os que servem para amplificar, nunca devem, preceder aos que servem para provar. (ibidem, p.72-3)

---

15 A amplificação por palavras se dá pelo uso de figuras e tropos e, segundo Sebastião de Santo Antonio, acontece de quatro maneiras: a primeira, acrescentando um epíteto ou atribuindo uma ação, a segunda, por meio de superlativos ou termos abstratos, a terceira, usando de palavras translatas e, a quarta, "usando de repetições, synonimias, periphrases, simile e emphase"(Antonio, 1779, p.116).

16 A amplificação "por cousas" se dá por "Congerie" (uso de vários períodos para ênfase), incremento, comparação, raciocinação e diminuição (ibidem, p.166 e ss).

122 CARLOS EDUARDO MENDES DE MORAES (ORG.)

Com efeito, encontramos na parte exortativa dos romances de Fonseca Soares, frequentemente, essa disposição do procedimento descritivo como amplificação, que reforça os argumentos postos como entimemas expostos anterior e posteriormente. Leiamos, à guisa de exemplo, o romance 11, *Amor por esta vos juro*, no qual a *persona* poética lança seu escárnio ao deus Cupido, Amor alegorizado, pelos "repetidos enganos" nos quais a fez cair. Após atacá-lo com vários argumentos, a *persona* descreve a razão de seu erro (vv. 61-76):

> Desculpa teve meu erro
> Gozando em sorte feliz
> hum só cravo em dois beiçinhos
> em duas faces dois jasmins.
>
> Desculpa tive é verdade
> em dois olhos, que o zafir
> desce globo em astros vence
> em seu mais alto Zenith
>
> Desculpa tive em duas mãos
> pois delas pude advertir
> que formara a natureza
> dois brinquinhos de marfim (romance 11)

Nesse trecho, a *amplificatio*, como desenvolvimento do argumento de que Cupido é bom embusteiro, ocorre por meio de uma descrição típica do retrato, pintando uma figura feminina do rosto aos pés. Note-se ainda o uso do recurso da anáfora, com a repetição do vocábulo "desculpa" e o que também pode ser usado como forma de amplificação do discurso, conforme, aliás, indica o frei Sebastião de Santo Antonio (1779, p.116).

Também se pode observar várias metáforas cristalizadas recorrentes em nosso *corpus*. É o caso da identificação dos olhos da mulher com corpos celestiais e a pintura das partes do corpo feminino por suas qualidades, tal qual "cravo", "jasmins", "marfim". Esses

EROTISMO E RELIGIOSIDADE **123**

procedimentos são exemplos da metáfora pictórica engenhosa barroca, a qual é comentada a seguir.

É como parte da amplificação que "retratos" são construídos na obra de Fonseca Soares, tanto como reforço de argumentos nos poemas de cunho exortativo, como anteriormente é exemplificado, quanto como procedimento descritivo autônomo direcionado para o encômio ou vitupério de um caráter, sendo a descrição presente em todo o poema. Esse último procedimento é definido por Hansen (1989, p.264) (a partir das conceituações de Quintiliano[17] e de Cícero), com o nome de *evidentia*: "descrição minuciosa e viva de um objeto pela enumeração de suas partes sensíveis, reais ou inventadas pela fantasia poética".

Lausberg (1972, p.217 e ss.), em seu manual *Elementos de retórica literária*, aponta que a *evidentia* é uma figura de acumulação, composta da "suma" e do "pormenor". Os romances de Fonseca Soares, como no exemplo do romance 11, parecem frequentemente apresentar essa estrutura e se desenvolvem na pormenorização de parte do corpo, numa *narratio* (nas "desculpas") que se seguiu à *propositio* (o "erro").

As imagens que compõem esses retratos espalhados por nosso *corpus* são reguladas pelo princípio do *ut pictura poesis*, tanto no sentido de regulador da posição do leitor-espectador para a adequação do decoro estilístico interno e externo, quanto no sentido

---

17 Cf. Instituições Oratórias, 8, 3: "É grande mérito mostrar os objetos dos quais falamos em cores vivas, de modo que também possam ser visualizados; pois nossa língua não é suficientemente efetiva, e não tem o poder absoluto que deveria ter, caso fizer impressão somente sobre os ouvidos, e se o juiz sentir que as particularidades, nas quais se baseia para tomar a decisão, lhe são meramente afirmadas, e não graficamente descritas, ou mostrada aos olhos de sua mente" (disponível em: <http://honeyl.public.iastate.edu/quintilian/ 8/ chapter3.html#61>, acesso em: 24 maio 2008, tradução nossa). Original: "*It is a great merit to set forth the objects of which we speak in lively colours, and so that they may as it were be seen; for our language is not sufficiently effective, and has not that absolute power which it ought to have, if it impresses only the ears, and if the judge feels that the particulars, on which he has to give a decision, are merely stated to him, and not described graphically, or displayed to the eyes of his mind.*"

124   CARLOS EDUARDO MENDES DE MORAES (ORG.)

de assimilação entre as artes,[18] sendo o papel do pintor e do poeta igualados, principalmente no procedimento da metáfora pictórica, ou "definição ilustrada", que acabamos de comentar.

As imagens de Fonseca Soares: definições ilustradas como amplificações retóricas

Como já exposto anteriormente, Hansen (1989, p.236-7) indica três métodos seiscentistas para definir a semelhança entre conceitos: a semelhança simplesmente convencional, a advinda de um processo metonímico da parte pelo todo, e a semelhança definida a partir de uma relação apontada pela filosofia peripatética, que articula a semelhança entre categorias de predicados. Tomaremos como subentendida essa conceituação de Hansen e arrolaremos nas seções seguintes alguns dos principais usos das imagens em Fonseca Soares, tomando-os como principal procedimento de criação e desenvolvimento das imagens o processo metafórico.

Neve e fogo

A imagem da neve é sempre ligada à ideia da cor branca, índice de delicadeza, suavidade e ainda, num contexto da multiplicidade racial do Império português, da pureza de linhagem, de acordo com a mentalidade fidalga da época. Um trecho exemplar da brancura representada por metáforas convencionais é essa quadra do romance 26, *Deixai meus olhos enfeites*:

---

18 Cf. o comentário de Adma Muhana (2002, p.12) no prefácio ao tratado do contemporâneo de Fonseca, na obra de Manuel Pires de Almeida, *Pintura e Poesia ou Poesia e Pintura*: "A mim, nas páginas seguintes, importa destacar como, em vez da habitual analogia (poesia é como pintura), Almeida privilegia a homologia expressa no dístico *muta poesis, eloquens pictura* (pintura é poesia muda, poesia é pintura que fala). Ou seja, o que nas preceptivas, pictóricas e poéticas enfocavam proporção, o autor conhece transitividade; e no que se partia de comparação, reconhece indistinção: poesia não como pintura: é pintura, e vice-versa."

EROTISMO E RELIGIOSIDADE **125**

Já se vê de um ponto a neve
ou pomo de nata doce
para que amante o desejo
num mar de Leite se afogue

Nesse poema, Fonseca Soares opera a tópica da "verdade sob a aparência" (Hansen, 1989, p.378) e exorta sua interlocutora a não enfeitar-se demasiadamente, pois:

[...] às vezes os desalinhos
premitem que os olhos Logrem
d'alma superiores vistas
Que avarenta a gala encobre (romance 26)

Note-se ainda o convite erótico subentendido na quadra, já que a *persona* convida sua interlocutora a despir-se. Como amplificação da beleza, realçando a cor branca da mulher, Fonseca Soares utiliza a metáfora convencional "neve" ao lado de outros índices da cor branca, "nata" e "mar de Leite".

A imagem da "neve" é ainda frequentemente utilizada em contraste com "fogo", em trechos como:

Meu bem a minha vontade
anda de amores enferma
e os alfenins dessas mãos
suspira nesta doença

De chamas padece achaque
quando essa neve deseja
para mitigar as ânsias
em que se abrasa, e se queima

Mas na resistência vossa
mais cresce e mais me molesta
que sempre achaque de fogo
foi major na resistência (romance 57)

Nesse poema, o romance 57, *Meu bem minha Josephina*, a neve articula ao mesmo tempo a cor branca e a esquivança amorosa, que evita o "fogo", representante do amor erótico da *persona* poética; aqui se pode ver a articulação de uma oposição entre um conceito brancura-distância-frieza e proximidade-calor com o uso de metáforas convencionais reguladas pelo *ut pictura poesis*. Esse uso da neve como esquivança amorosa também ocorre no romance 96:

> Em a neve que condensa
> esse cristalino centro
> achareis a tanto fogo
> já prevenido o remédio

Esse contraste ainda ocorre, por exemplo, nos romances 14, 27, 61, 89, e 101. No romance 61, *Mil parabéns bella Clori*, no qual o eu poético dá graças pela melhora de sua interlocutora (tópica, aliás, recorrente em nosso *corpus* de Fonseca Soares) o contraste "neve" e "fogo" representa as febres de Clori, e a neve, sua brancura. Observemos a maneira com que Fonseca Soares a reconforta:

> Se era febre a vossa queixa
> nunca temi, que a febre
> sendo fogo, em neve tanta
> muito tempo arder pudesse

> Antes se o fogo o intentou,
> que a neve em vos se ascendesse
> não se acendendo o nevado
> gela o nevado o ardente (romance 61)

Num raciocínio silogístico, vê-se o que Hansen (1989, p.241) chama de "antítese desdobrada em metáforas de metáforas", criando-se pelo engenho do poeta um efeito maravilhoso que amplifica o discurso, pois os contrários se interpenetram ao mesmo tempo que se mantêm separados ("neve que acende" e "gela o ardente").

Nos outros romances, a contradição aparece mais incidentalmente, como uso mais cristalizado: no romance 14, "algum a tudo poema fogo / sopondo a neve de caza"; no romance 27, "Ja me confesso perdido, / porque meu amor só acha / tudo fogo no que sente / tudo neve no que palpa"; no romance 89, "que suposto é mão de neve / abraza, prende, e cativa"; no romance 101, "Suspenso para discurso / neste de amor labirinto / dever que entre tanta neve / arde o fogo tão activo".

A respeito da imagem do fogo, ela ainda é usada em contraste com a água, como no romance 13:

> Ao por todas Laranjeiras
> levando estará Izabel
> Fogo n'água introduzindo
> Com seus delicados pés

E no romance 58,

> Lágrimas! quereis torcar mas
> trocai mas pellas que choro
> que melhorais de partido
> pois me dais água por fogo

Nesse último trecho, vê-se a relação água-pranto, também frequente em Fonseca Soares, articulada ao fogo, imagem do amor erótico, em outra antítese construída sobre metáforas de metáforas, que comentamos *supra*. No romance 31, *Esperança medroza*, Fonseca Soares define essa ligação:

> Para amor o que admira
> nos sentidos se ateia
> para unir-se ao que adora
> é d'alma lavareda

A representação do fogo ocorre no romance 68, *Onde ides meu suspiro*, no qual o eu poemático dirige-se ao suspiro, dissuadindo-o de perseguir seus amores; para isso, ele invoca duas vezes a imagem do fogo:

> Adonde vais perdido
> sem ver que é desacerto
> crescer mais fogo a fogo
> dar mais vento ao vento (romance 68)

E na última quadra, em que argumenta que o amor, como "incêndio":

> Ficai pois meu suspiro
> que em tão divino incêndio
> fugis da morte é culpa
> morrer de fino é prêmio (romance 68)

O fogo ainda é usado em articulação com as inúmeras metáforas bélicas que povoam os poemas de Fonseca Soares. Exemplifica isso o trecho do romance 90 transcrito abaixo, que, após descrever uma mulher como praça de guerra, diz, a respeito das resistências às investidas da *persona* lírica,

> Sobre as ruínas, e estragos
> vendo as minas que estão feitas
> intentam fazer sortidas
> as ultimas lavaredas

> Mas como o peito oprimido
> ardendo em fogo rebenta
> Pertende nas cortaduras
> deter de seu mal a defensa (romance 90)

> Não lhe deram fogo as iras
> com que a presunção soberba
> nas batarias não para
> nas avançadas não cessa

EROTISMO E RELIGIOSIDADE **129**

> Vendo-se enfim reduzida
> a ultima indiferença
> e as forças deste inimigo
> que a fogo, e sangue faz guerra (romance 90)

Atente-se à metaforização que se mantém gravitando no campo semântico do fogo em expressões como "minas", "lavaredas", "ardendo" etc.

Flores

A imagem da flor é frequente em Fonseca Soares, ocorrendo tanto esporadicamente, em vocativos cristalizados como "minha flor" (romances 3, 16, 49, 54, 84, 91, 95, 104), quanto desenvolvida em metáforas como "açucena" (romances 6, 76, 103) para representar a brancura e delicadeza; nos usos de "cravo" (romances 6, 11, 77) como figura dos lábios; "jasmim" como a brancura da face (romances 11, 61); ou "rosa" usada em inúmeros contextos. A rosa é muito usada como caracterização do rosto, muitas vezes comparando a mulher à primavera, estação das flores, como no romance 13:

> O rostinho era composto
> de rosa, e branca sem cem,
> tão mimoso que acusava
> ao Zerifo de cruel

Esse uso também ocorre nos romances 28,[19] 75[20] e 94.[21] Além da rosa, no romance 66, o poeta usa o cravo e o jasmim para descrever o

---

19 A flor da cara tais flores / te quis pôr a natureza / que esses de rozas teu rosto / para ser a primavera

20 As duas Rosas das faces / sendo de amor primaveras / condessas de Vila Flor / me parece qualquer delas

21 Maças o rostinho Vende / e flores tão preciosas / pois é barata de tudo / sendo mui cara de Rosas

rosto, ao narrar Nize, uma de suas várias costureiras, numa situação banal – chupando o dedo após feri-lo com uma agulha:

> Deste dano à fiel boca
> remédio pede cortes
> de onde queixas de um jasmim
> picadas de um cravo tem (romance 66)

No romance 6, além da comparação à primavera, a *persona* ainda oferece flores, as quais, aliás, nunca são mais belas que sua interlocutora:

> Perdoai-me a confiança
> dessas plantas cuja oferta
> vai deitar-se a vossas plantas
> por ver-se na primavera

> E com razão pois conhecem
> que serão flores mais belas
> da vossa boca os craveiros
> do vosso rosto as roseiras

O procedimento da descrição do rosto por meio de flores também acontece no romance 21, *Clori dar-nos boas festas*:

> Dar vos as paschoas de flores
> parece bem escusava,
> que quem é tão linda flor
> o dar lhe flores é nada

Ao lado da comparação da mulher à primavera, está o uso da flor como caracterização de um prado, como nos romances 29, 60, 83, 97 e 100. Nesse último, assim como nos romances 61 e 65, a caracterização do prado é paralela à caracterização do céu. No romance 61, prado e céu se ressentem dos achaques da mulher, e no romance 65, o eu poemático compara a mulher ao sol e à primavera, os quais, entretanto, perdem sua graça a mesma medida que a mulher perde a graça ao rejeitá-lo.

Há ainda outros usos da imagem. No romance 2, Fonseca Soares explora o contraste entre flor e peste, sendo a primeira figuração da beleza e a segunda da esquivança amorosa:

> A que d'El Rey que me mata
> Maricas essa cachopa
> que nasceu flor em colares
> para ser peste Em Lisboa
>
> Por ser a flor desta terra
> e mostrar que as mais são folhas
> fez na rua do carvalho
> inveja a rua fermosa

No romance 4, a comparação entre mulher e flor é utilizada em conjunto com uma metáfora bélica:

> Amor Tisbe Sai ao campo
> tocai arma, e vide amor
> que vem Tisbe Em som de guerra
> por mais que a paz lhe deis vos
>
> Como uma flor posta em campo
> fez com que Abril se transpôs
> porque caindo-lhe a folha
> não pode dar nesta flor
>
> De um chamalote de prata
> verde nuvem a seu candor
> E a que d'El rei no valor
> Beleza tão valerosa

Nesse romance, *Amor Tisbe Sai ao campo*, após narrar a entrada num campo de batalha de sua musa e do "amor", a *persona* descreve a retirada de "Abril", ("Abril se transpôs"), também numa figuração do outono. A flor-mulher é então descrita como "[...] chamalote de prata / verde nuvem [...]" conceitos que misturam a elegância do tecido, a cor prata das armas e o verde das plantas, misturando a beleza da mulher, metaforizada em planta e sua nobreza ("Beleza tão valerosa"). A metáfora da flor é então desenvolvida de maneira dialética, mesclando predicados da flor e das armas, figurando a persistência da mulher-primavera face ao outono, amplificando o argumento que justificará a interrogação seguinte, que serve a louvar a "beleza-valor na batalha" de sua musa:

> donaire tão brilhador
> de armas pode ter medo?
> de que almas pode ter do? (romance 4)

No romance 32, a imagem das flores além da descrição do exterior é também usada para a descrição da beleza interior, "florida em conceitos", segundo a valorização da operação engenhosa do conceito (comentado *supra*), preceito da época, um dos caracterizadores do tipo "discreto":

> Quando considero a boca
> mas quando a não considero
> quanto florida na cores
> tanto florida em conceitos

Já no romance 7, o poeta narra a colheita de flores, que, nesse contexto, pode ser interpretado como convite erótico:

> Premeti não sendo folha
> tudo o que acho nessa graça
> que entre as vossas flores possa
> colher o meu gosto as Lampas

Ao colher flores ainda, no romance 25, o eu poemático alerta, de (maneira jocosa, aliás, pela desmistificação em "confusões") para a existência de espinhos:

Tende lástima de quem
entre confusões metido
como vos conhece Roza
receia muitos espinhos.

O assunto se remete à tradição da ode XL de Anacreonte, que
narra Cupido ferido por uma abelha ao colher flores. O tema em
si é, aliás, aproveitado por Fonseca Soares no romance 77, no qual
ainda personifica a flor, que se enrubesce ao ver a mulher que a
colhe, "inovando", no sentido em que há uma *emulação*[22] do tema
da tradição:

Enfim desmascarando
a frase em bom português
indo colher uma rosa
mui vermelha de vos ver

Que vos metera o ferrão
certa abelha ouvi dizer
case que era abelha mestra
abelha que isto vos fez

No romance 32, parece haver referência direta à ode de
Anacreonte:

Quando as flores imagino
das faces, donde o Deus cego
já qual abelha mel tira
já qual áspide por em veneno

---

22 Hansen (1989, p.49) define a noção de imitação ou emulação, a partir da conceituação do preceptista Emanuelle Tesauro, de evidente filiação peripatética:
"imita-se para se produzir variedades da mesma espécie, mas não do mesmo
indivíduo".

No romance 42, ao narrar a mulher ferindo-se no espinho, coloca-o como representação da esquivança da própria mulher, uma rosa cheia de espinhos que, ao se ferir nos espinhos da outra rosa, prova do próprio veneno:

> Mas vos sois muito espinhada,
> e é bem que pagueis a pena
> pois sem bolirem convosco
> vos fostes picar co'ella
>
> De vos picaresca espinha
> não sei que motivos tenha
> se não é ver que a tempos
> na espinha vossa beleza

No romance 48, um natalício, o autor joga engenhosamente com as noções de flor e primavera, numa espécie de metonímia dentro da metonímia, na qual os anos incluem a primavera e essa inclui as flores:

> Quem viu anos tão fermosos
> pois quando o tempo os cobra
> d'uma beleza em um dia
> são todos uma beleza
>
> Se nelas a flor da idade
> tanto em flor se manifesta
> que podem ser se não flores
> anos que são primaveras

Olhos

Os olhos são imagem recorrente em Fonseca Soares. Dele faz uso tanto num vocativo comum à mulher desejada, "meus olhos", quanto em comparações frequentes dos olhos com setas e dos olhos com sóis. Exemplo da importância da imagem dos olhos em nosso *corpus* é o romance 55, do qual transcrevemos a primeira quadra:

> Minha vida dos meus olhos
> basta que estejais mal comigo
> quereis que morra sem ver-vos
> quando só de ver-vos vivo

Em Fonseca Soares, a dramatização da relação amorosa dá-se em grande medida por intermédio do olhar, o que dá origem a inúmeras metaforizações, entre as quais as já mencionadas dos olhos como armas ou os olhos como sóis, às quais nos dedicamos em seguida.

No romance 73, *Por meus pecados fui hoje*, os olhos são personificados:

> Uns olhos me assaltaram
> Deus nos livre de maneira
> que enfim se Deus não me acode
> Eu morrerei desta feita
>
> uns olhos são Deus nos livre
> tão más almas, tão más peças
> que sem ter fé com viva alma
> nada lhe [para] na terra

No romance 14, *A quem de amor que me ferem*, há também essa personificação, sendo os olhos caracterizados como "traidores" e "Ladrões", ferindo, na hostilidade às tentativas da *persona* lírica de interpretá-los:

> A *quem* de amor que me ferem
> huns olhos mas com tal graça,
> q*ue* arrependido o queixume
> de agradecido, seja seta
>
> Fiados num certo rosto
> pestenejam cuteladas
> São os primeiros traidores
> Que investiam cara a cara
> [...]

A senhora sua dona
é por certo uma boa alma
metida com dois Ladrões
já na mesa, já na cama.

Os olhos personificados aqui "pestanejam cuteladas", e no restante do *corpus* de Fonseca Soares há outras ocorrências semelhantes ligadas à metaforização bélica. No romance 13, por exemplo:

De setas e arcos armados
seus negros olhos se vem
para matar tão Ladinos
que a ninguém davam quartel

No romance 27 os olhos se servem de lanças:

Tu que me trazes a vida
nos olhos atravessada
pois quando Lanças os olhos
servem teus olhos de lança

Nos romances 90 e 93, os quais metaforizam a mulher em praça de armas, há também metáfora semelhante:

já por toda a parte o dão
os alentos, e as cruezas
chovendo de uns olhos raios
e de umas pestanas setas (romance 90)

No romance 93, a lua milita com a mulher em sua beleza, sendo a mulher inalcançável, figurada como uma fortificação:

Dos arcos das sobrancelhas
já meias luas fabricas
pois sendo sol a beleza
também com a lua milita

As pestanas que guarnecem
os olhos com picarias
Fazem ser corpo da guarda
com sentinelas a vista

No romance 75, os olhos são armas de Cupido ("armas de amor"), uma referência clássica que talvez explique toda a metaforização "olhos-setas":

As pestanas praça de armas
do Deus que traz arco e flecha
por praça de armas de amor
são Marquesas de Fronteira

Outra metaforização frequente em Fonseca Soares é a dos "olhos sóis", como ocorre pontualmente nos romances 2, 6, 9, 11, 36, 43, 47, 60, 90, 93, 100 e 104. No romance 63, *Não sei belíssima Clori*, que transcrevemos na íntegra a seguir, essa metáfora é totalmente desenvolvida:

Não sei belíssima Clori
como é possível que o Jordão
raios de hum sol que se [humilha]
a Sóis de uns olhos que cegam

Se respondeis que os ardores
do Sol, vos servem de ofensa
como ha de o Sol molestar-vos
se o Sol ao Sol não molesta

Se esconder os vossos raios
foi por lhe não dar inveja
se lhe perdoais no [embuste]
porque dais no [embuste] guerra

Se o fazeis *porque* echiçado
Ao Sol o dia não veja
que Luz faltara ao dia
quando a desses olhos tenha

Se por não ver-me escondido
recortais as Luzes belas
mal me poupais no rebuço
se me encendeis na cautela

E quando em Luz tão fermosa
o mesmo ardor lisonja
mas bem é que dar me a vida
dar me morte tão discreta

Enfim Clori nesses raios
não negueis mais a evidência
não é bem que uma nuvem
mais que uma vida mereça

Não deis motivo a meus olhos
de que presentes padeçam
invejas no desprezado,
e no rebuçado ausências (romance 63)

Pode-se observar que esse poema dramatiza a esquivança amorosa, utilizando a metaforização dos olhos em sol como amplificação para o encômio à mulher e argumento para persuadi-la. A amplificação se dá por meio de uma hipérbole, operando basicamente em torno do argumento que os olhos brilham mais que o sol ("como há de o Sol molestar-vos / se o Sol ao Sol não molesta"); dá-se também pelo desenvolvimento da imagem do astro na metáfora do fogo como elemento erótico:

Se por não ver-me escondido
recortais as Luzes belas
mal me poupais no rebuço
se me encendeis na cautela (romance 63)

"As meninas dos olhos", uma catacrese em uso até os dias atuais para indicar a íris dos olhos, também é aproveitada por Fonseca Soares nos romances 27, 60, 75 e 94. Exemplo extraímos do romance 94, a personificação é aprofundada, sendo as meninas respeitáveis senhoras:

> Os olhos de bem rasgados
> se me tem a valentona
> no bairro da boa vista
> comoravel na bem posta
>
> Duas meninas os servem
> tão lindas graves, e airosas
> que inda que andam nas capelas
> as veneram por senhoras

Pedra

A imagem da pedra é recorrente, na maioria das vezes como figuração da esquivança feminina, como no romance 57:

> Ai não sejais pedra tanto
> tendo minha flor emendo
> porem se tão pedra sois
> sede já de doce pedra

Muitas vezes a pedra é articulada ou substituída pela figura do diamante, como no romance 60:

> como se és toda de neve
> de cravos e açucenas
> tens ouvidos de diamante
> e tens o peito de pedra

O diamante, no romance 13, é articulado com o rubi, pedra preciosa, representação do belo vermelho dos lábios e de belas palavras "discretas", referência inevitável nas figurações seiscentistas da boca:

> dando a de má vontade
> não só então ma fez boa
> Como Enfim por seu captivo
> Com rezão pois de diamantes
>
> a boca, e de Rubis é
> uma camisa lavada
> se era de Holanda não Sei
> só sei que era menos branca

No romance 32 o rubi também é usado:

> Aquele rubi divino
> que parece doce e bello
> da mais néscia a formosura
> Da mais feia por discreto
>
> Pois quem o vê não a ouvindo
> cuida não tendes engenho,
> ou que sois menos fermosa
> quem o ouve, não o vendo.

Note-se, nesse trecho, o uso que Fonseca Soares faz da pedra preciosa como qualidade cristalizada da beleza dos lábios, desenvolvendo o elogio numa cadeia silogística: quem apenas observa a beleza exterior da mulher pode ter a falsa impressão de que o lábio de rubi contém uma beleza "néscia" (ou quem somente ouve o engenho pode enganar-se pensando que se trata de uma feiura "discreta").

A pedra é também uma figura presente nos muitos retratos de lavadeiras; a exemplo, o romance 22, que joga com o ato de lavar a roupa batendo-a na pedra, o qual se reflete na alma da *persona*:

Na mesma pedra batendo,
E quando batendo estava
em que na pedra batesse
parece que bate n'alma

O romance 12, que narra o trabalho da lavadeira Magdalena, aproveita a imagem para o elogio da perseverança da mulher:

Lavai essa Roupa
Lavandeira bella
Bateia no peito
que é mais duro pedra

A imagem da pedra, no romance 79, serve para o elogio do exílio do interlocutor:

Não gavo a vida dos montes
pois se acha nesta Terra
entre os desertos de Marte
juízos anacoretas

Dessas pedras gavo o toque[23]
pois para os homens de prendas
senão são pedras preciosas,
de toque ao menos são pedras

A pedra é usada também como representação da rejeição amorosa. É o que acontece no romance 60, numa referência ao mito de Anaxárete, mulher transformada em pedra por Vênus por rejeitar o pastor Ífis:

---

23 Possível referência ao "exílio" de são Tomé, que, segundo mito célebre, veio ao Brasil e deixou pegadas na localidade de Toque-Toque.

142 CARLOS EDUARDO MENDES DE MORAES (ORG.)

> Já pois que és Daphne[24] no esquivo
> e és Anaxarte no isenta
> como Ífis, como Apolo

E ainda no romance 47,

> Pródiga se de esquivanças
> Liberal se de desprezos
> avarenta de favores
> fugitiva a rendimentos

> Áspide sempre a minha ouses
> pedra sempre a meus incêndios
> sem Anxarte a meus desprezos
> Eurídice a meus desvelos

A imagem da pedra é igualmente utilizada nos "penhascos", presentes nas várias metaforizações náuticas do nosso *corpus* de Fonseca Soares. Exemplo está no mesmo romance 47, no qual a resistência da mulher é representada como uma tempestade:

> E se nunca da inconstância
> quis aceitar o modelo
> sendo penhasco a rigores
> sendo diamante a desprezos
> [...]

> [Profiei] constante e firme
> hum penhasco, amor, eterno
> porque sempre em mim o amor
> foi eleição não respeito

---

24 O mito de Dafne é também aproveitado no romance 82, com o mesmo sentido deste excerto.

EROTISMO E RELIGIOSIDADE **143**

A borrasca de rigores,
a inundações de tromentos,
camaretas de esquivanças
resistis vivo por tento

Atropelando receios
e receando desejos
bizarriando esperanças
e esperando sem remédio

Note-se que a perseverança da *persona* também é figurada pelo diamante.

No romance 78, em que parece comentar um desabamento de uma igreja, Fonseca Soares aproveita para fazer um trocadilho jocoso a respeito de um clérigo:

Do púlpito as pedras todas
Tirando-se de si mesmas
pello pregador mostravam
que estava doudo de pedras

O poeta ainda aproveita para personificar as pedras, fazendo um encômio das beldades presentes no acontecimento. Trata-se aqui de uma variação jocosa da lírica amorosa galante, misto perfeitamente verossímil para perspectiva engenhosa do letrado seiscentista, regulada em seu decoro pelo *ut pictura poesis*:

Porque julgando-se indignas
de estar sobre tais cabeças
postas a seus pés mostravam
que o cair foi reverência

A caida foi mesura
mas se bem se considera
não sabe a soberba quanto
um cair que a tanto chega (romance 78)

Metáforas náuticas

As metáforas que exploram o campo semântico náutico são frequentes em Fonseca Soares, desde as oriundas de glosas de mitos relacionados ao mar, como os de Ícaro (romance 5), de Faetonte (romance 24) ou dos monstros Cila e Caribdis (romance 38), até a própria definição do relacionamento amoroso como navegação, que vemos no romance 98:

> Mas não só por estes golfos
> se [surcam] do amor os riscos
> pois também o amor nas almas
> tem seus dias de juízo

No romance 31, Fonseca Soares desenvolve a metáfora de maneira parecida, agora dirigindo-se à sua esperança personificada:

> Que importou remontar-vos
> Pondo-vos nas estrelas
> se em vós mesmo abatida
> tão posta estais por terra
>
> Se hoje me mostrais de alto
> quanto acabais rasteira,
> para que tenta pluma
> foi susto das esferas.
>
> Surcando o vento em popa
> assim tomais as velas
> se isto obrais nas bonanças
> que fazeis nos tromentos

O mar é ainda utilizado para a descrição da mulher, como no romance 8, que trabalha em sua íntegra com metáforas náuticas. Dele extraímos o seguinte trecho:

Alerta flores que Fílis
é mar de belezas toda
pois num dilúvio de sedas
quer que hum mar das galas chova

veja um chamalote de águas
donde q*uem* menos engolfa
sem ver mais cousa de terra
não ver mais que [ecoas] ondas

Isso também ocorre no romance 75:

Por ser no mar de seu Rosto
O nariz ilha perfeita
conde da Ilha parece
sendo visconde d'Asseca

Porque da arrochella o porto
em breve barca navega
condessa de Portalegre
a boca se considera

No romance 72, a beleza da mulher é caracterizada como um corsário:

Beleza tão pechitingre
quem a viu pois nesses golfos
só por ser piratas d'almas
anda nas ondas a corso

No romance 60, a metaforização náutica desenvolve-se em forma de ornato dialético, colocando em paralelo os campos semânticos do voo (de sua "alma") e do mar:

Praza a Deus que o feliz lenho
em que segura navegas
titubeando no frágil
sem remo, sem luz, sem velas

Empolados esses mares
corra tromenta desfeita
choque choque nos penhascos
tropeçando nas áreas

Mas não corra sossegado
Voe voe sem tromenta
não perigue essa luz pura
padeça a alma padeça

Mas ai que já se desvia
já dos meus olhos se ausenta
esse pássaro de linha
esse peixe de madeira

Vencendo nevados golfos
seus orgulhos atropela,
mas que muito seus suspiros
lhe vão assoprando as velas

O choque não inimiga
Despedaça-te ligeira
mas não navega segura
que dentre a alma me levas

O mar é ainda, no romance 64, metáfora para o pranto:

Não sei queridos amores
porque em dor tão excessiva
em mares de vivo pranto
já naufraga minha vida

Outras imagens

Outras metáforas são desenvolvidas mais isoladamente por Fonseca Soares. É o caso da oposição criadora da antítese entre "bron-

EROTISMO E RELIGIOSIDADE **147**

ze" e "cera", como no romance 69, o qual se encaixa no campo das metáforas bélicas:

Tanta guerra me fizeram
a discrição e a beleza
que houve mister meu amor
de se por tudo em defensa

A suspiros ais, e afagos
fiz tão grande resistência
que já me julgo ser bronze
sendo para vos de cera

O cristal, metáfora frequente nos Seiscentos, conforme aponta Hansen (1989, p.236), é bastante utilizado no século XVII. No romance 6, é usado como representação da brancura da pele. No trecho transcrito abaixo, o poeta, ao descrever elegantemente uma sangria, usa o termo "rubins" para descrever o sangue:

vi que esse cristal ferido
verte o por entre açucenas
um naca prezo em safiros
A neve em rubis desfeito (romance 6)

A sangria também é descrita nesses termos atenuantes no romance 83, no qual se usa "corais" pelo sangue e "neve" pela brancura:

No braço de pura neve
corais a lanceta abria
mas eu sem sangue ficava
vendo sem sangue a ferida

Outras metáforas cristalizadas ainda são usadas por Fonseca Soares, como a prata (romances 4, 12, 22, 28, 72, 76) e ouro (romances 9, 12, 22, 28, 72, 94), essas duas muitas vezes articuladas.

Outras imagens são desenvolvidas como conceitos dialéticos em poemas individuais, como a imagem do favo (37), do vidro (39), a pele (82) e a voz (99).

Conclusão

Três séculos em arquivos e bibliotecas portuguesas não fizeram desbotar as cores nem vulgarizar o engenho dos romances de Antônio da Fonseca Soares. Nossa breve reunião de preceitos retóricos e poéticos e a compilação das diversas imagens construídas pelo poeta no manuscrito 2998 procuram lançar uma primeira e pequena luz no que merece muitos e melhores estudos.

Referências bibliográficas

ACHCAR, F. *Lírica e lugar-comum*: alguns temas de Horácio e sua presença em português. São Paulo: Edusp, 1994.

ALFENA, G. *Santinho do pau oco*: sensualidade e religiosidade nos romances do padre Antônio da Fonseca. 2005. 173f. Dissertação (Mestrado em Letras) – Faculdade de Ciências e Letras, Universidade Estadual Paulista "Júlio de Mesquita Filho", Assis, 2005.

ALMEIDA, J F. *Bíblia de referência Thompson*. São Paulo: Vida, 2002.

ANÔNIMO. *Dá certo sogeito satisfação ao publico de amár huá lauadeira* (manuscrito). Portugal: Arquivo Nacional da Torre do Tombo, Real Mesa Censória, Doc. 2900, cx. 334, sem manifestação da mesa.

ARARIPE JUNIOR. *Teoria, crítica e história literária*. Sel. e apres. Alfredo Bosi. São Paulo: Edusp, 1978.

ARISTÓTELES. *Arte retórica e Arte poética*. Trad. Antonio Pinto de Carvalho. São Paulo: Ediouro, [19-].

ARISTÓTELES. *Poética*. Introd., coment. e apênd. de Eudoro de Sousa. Porto Alegre : Globo, 1966.

ARISTÓTELES. *A poética clássica*. Introd. Roberto de Oliveira Brandão. São Paulo: Cultrix, 1997.

ARISTÓTELES; HORÁCIO; LONGINO. *A poética clássica*. Trad. Jaime Bruna. 7. ed. São Paulo: Cultrix, 2005.

AZEVEDO FILHO, L A. *Iniciação à crítica textual*. Rio de Janeiro: Presença, 1987.

BEBIANO, R. Metamorfoses do "Reino de Ouro". *Claro & Escuro – Revista de Estudos Barrocos*, Lisboa, n.2/3, p.35, maio-nov. 1989.

150 CARLOS EDUARDO MENDES DE MORAES (ORG.)

BECHARA, E. Para o conhecimento da Língua Portuguesa no século XVIII: os comentários de Francisco Dias Gomes. In. VV. AA. *Para Segismundo Spina*. São Paulo: Edusp, Iluminuras, 1995.

BELLO, F.; ROCHA, M. (Orgs.). Reinado e vida de D. João V. Grande plano e plano geral. *Claro & Escuro – Revista de Estudos Barrocos*, Lisboa, n.2/3, maio-nov. 1989.

BLUTEAU, R. *Vocabulario portuguez e latino*. UERJ. 1 CD-ROM.

BORN, A. V D. (Org.). *Dicionário enciclopédico da Bíblia*. Trad. Frederico Stein. 5. ed. Rio de Janeiro: Vozes.

BULFINCH, T. *O livro de ouro da mitologia:* história de deuses e heróis. 18. ed. Rio de Janeiro: Ediouro, 2001.

BURKE, P.; PORTER, R. *História social da linguagem*. São Paulo: Editora Unesp, 1996.

CÂMARA JUNIOR, J M. *Dicionário de filologia e gramática:* referente à língua. Rio de Janeiro: J. Ozon, 1970[?].

CAMBRAIA, C. N. *Introdução à crítica textual*. 1. ed. São Paulo: Martins Fontes, 2005.

CAMPBELL, D. A. *Greek Lyric:* Stesichorus, Ibycus, Simonides and others. v.3. 1991.

CASTELLO, J A. *Manifestações literárias do Período Colonial:* (1500-1808-1836). São Paulo: Cultrix, 1962.

CHARTIER, R. *A ordem dos livros*. Trad. Mary Del Priore. Brasília: UnB,1994.

CHAVES, V. P. *O Uraguai e a fundação da literatura brasileira*. Campinas: Editora da Unicamp, 1997.

CHOCIAY, R. E. *Os metros do Boca:* teoria do verso em Gregório de Matos. São Paulo: Editora Unesp, 1993.

CHOCIAY, R. *Teoria do verso*. São Paulo: McGraw-Hill, 1974.

CICERO, M. T. *De Oratore or his three dialogues upon the character and qualifications of an orator*. Trad. William Guthrie. Boston: R. P. & C. Williams, 1822.

COROMINAS, J. *Diccionario crítico etimológico de la lengua castellana*. v. 2. Madrid: Francke, Berna 1954.

COSTA, A. *Temas clássicos*. São Paulo: Cultrix, 1978.

COSTA, M. C. *A poética de Aristóteles:* mímese e verossimilhança. 1. ed. São Paulo: Ática, 2001.

CURTIUS, E. R. *Literatura européia e Idade Média latina*. Trad. Cabral Teodoro. 2. ed. Brasília: INL, 1979.

EROTISMO E RELIGIOSIDADE **151**

CURTIUS, E. R. *Literatura européia e Idade Média latina*. Trad. Teodoro Cabral e Paulo Rónai. São Paulo: Hucitec: Edusp, 1996.

D'ONOFRIO, S. *Da Odisseia ao Ulisses (evolução do gênero narrativo)*. São Paulo: Duas Cidades, 1981.

DÍAZ-PLAJA, G. *Historia general de las literaturas hispánicas*. Barcelona: Editorial, 1953.

DICIONÁRIO DE MITOLOGIA GRECO-ROMANA. São Paulo: Abril Cultural, 1973.

DICIONÁRIO ELETRÔNICO HOUAISS DA LÍNGUA PORTU-GUESA. Versão 1.0. Objetiva, 2001. 1 CD-ROM.

DIEZ-ECHARRI, E. *Teorias metricas del Siglo de Oro*. Madrid: Consejo Superior de Investigaciones Cientificas, 1949.

DIEZ-ECHARRI, E; FRANQUESA, J. M. R. *História de la literatura española e hispano americana*. Madrid: Aguilar, 1960.

DURÃO, S R. *Caramuru:* poema épico do descobrimento da Bahia. São Paulo: Martins Fontes, 2001.

ELIAS, N. *A sociedade de corte*. Trad. Pedro Süssekind. Rio de Janeiro: Jorge Zahar, 2001.

FERREIRA, A. B. de H. *Novo Aurélio. Século XXI:* o dicionário da língua portuguesa. 3.ed. Rio de Janeiro: Nova Fronteira, 1999.

FIORETO, T. *Retórico e "Argumentatio":* uma disputa entre Mem de Sá e Cururupeba. 2005. 168 f. Dissertação (Mestrado em Letras) – Faculdade de Ciências e Letras da Universidade Estadual Paulista "Júlio de Mesquita Filho", Assis, 2005.

FRANCO, J. E. O mito da mulher em Vieira: teologia, representação e profecia. *Islenha*, Funchal, Portugal, n.41, jul.-dez. 2007.

GASMAN, L. *Documentos históricos brasileiros*. Rio de Janeiro: Fename, 1976.

GODINHO, V. M. *A estrutura na antiga sociedade portuguesa*. Lisboa: Arcádia, 1971.

GOMES JUNIOR, G. S. *Palavra peregrina:* o Barroco e o pensamento sobre as artes e letras no Brasil. São Paulo: Edusp, 1998.

GRACIÁN, B. *Agudeza y arte de ingenio*. Pról. de Gilberto Prado Galán. Cidade do México: Universidad Nacional Autónoma de Mexico, 1996.

GRACIÁN, B. *A arte da prudência*. Pref. e notas Jean Claude Masson; trad. Ivone Castilho Benedetti. São Paulo: Martins Fontes, 2001.

GRACIÁN, B. *A arte da prudência*. Trad. Pietro Nassetti. São Paulo: Martin Claret, 2005.

152 CARLOS EDUARDO MENDES DE MORAES (ORG.)

GRANDE ENCICLOPÉDIA portuguesa e brasileira. V. 9. Rio de Janeiro: Editorial Enciclopédia, 1942.

GRIMAL, P. *Dicionário da mitologia grega e romana*. Trad. Vítor Jabouille. 2. ed. Rio de Janeiro: Bertrand Brasil.

GUADALUPE, M.; SANCHES, P. *História da Idade Média*. Textos e testemunhas. São Paulo: Editora Unesp, 1999.

HANSEN, J. A. *A sátira e o engenho:* Gregório de Matos e a Bahia do século VXII. Campinas: Editora da Unicamp, 1989.

HANSEN, J. A. *Ut picturas poesis* e verossimilhança na doutrina do conceito no século XVII. In: VV. AA, *Para Segismundo Spina:* língua, filologia, literatura. São Paulo: Edusp, Iluminuras, 1995.

HANSEN, J. A. *A sátira e o engenho:* Gregório de Matos e a Bahia do século VXII. Campinas: Editora da Unicamp, 2004.

HANSEN, J. A. *Alegoria:* construção e interpretação da metáfora. São Paulo: Editora da Unicamp, 2006.

HAUY, A. B. *História da língua portuguesa:* I. Séculos XII, XIII e XIV. São Paulo: Ática, 1989.

HAVEY, P. *Dicionário Oxford de literatura latina*. São Paulo: Jorge Zahar, 1998.

HOLANDA, S. B. *Capítulos de literatura colonial*. Org. e introd. Antônio Cândido. São Paulo: Brasiliense, 1991.

HOLANDA, S. B. *História geral da civilização Brasileira*. Época Colonial. 7. ed. Rio de Janeiro: Bertrand Brasil, 1993. T. 1, p.34-35.

HORÁCIO. *Arte poética*. Trad. R. M. Rosado Fernandes. Lisboa: Inquérito, 1984.

HOUAISS, A.; VILLAR, M. de S.; FRANCO, F. M. M. *Dicionário Houaiss de língua portuguesa*. 1. ed. Rio de Janeiro: Objetiva, 2001.

MARTINS, W. *A crítica literária no Brasil*. Rio de Janeiro: Francisco Alves, 1983.

MARTINS, W. *História da inteligência do Brasil*. 4. ed. São Paulo: T. A. Queirós, 1992. v. 1

MELO, G. C. *Iniciação à filologia portuguesa*. 2. ed. Rio de Janeiro: Acadêmica, 1957.

MOISÉS, M. *A literatura portuguesa através dos textos*. 28. ed. São Paulo: Cultrix, 1999.

MORAES, R. B. de. *Bibliografia brasileira do período colonial*. São Paulo: IEB-USP, 1969.

MORAES, R. B. de. *Livros e bibliotecas no Brasil Colonial*. Rio de Janeiro: Livros Técnicos; São Paulo: Secretaria da Cultura, Ciência e Tecnologia do Estado de São Paulo, 1979.

EROTISMO E RELIGIOSIDADE **153**

MORIER, H. *Dictionnaire de poétique et de rhéorique*. 4. ed. Paris: PUF, 1989.

MANUSCRITO 392 da Sala de Reservados da Biblioteca Geral da Universidade de Coimbra.

MANUSCRITO 1486 da Sala de Reservados da Biblioteca Geral da Universidade de Coimbra.

MANUSCRITO 1636 da Sala de Reservados da Biblioteca Geral da Universidade de Coimbra.

MANUSCRITO 2998 da Sala de Reservados da Biblioteca gral da Universidade de Coimbra.

MUHANA, A. *A epopéia em prosa Seiscentista*. São Paulo: Editora Unesp, 1997.

MUHANA, A. *Todos os livros*. São Paulo: Edusp, 2002.

ONG, W. *Oralidade e cultura escrita*. A tecnologização da palavra. São Paulo: Papirus, 1998, p.93-133.

OVÍDIO. *Metamorfoses*. Trad. Manuel Maria Barbosa Bocage. São Paulo: Hedra, 2000.

OVÍDIO. *A arte de amar*. Trad. Pietro Nassenti. São Paulo: Martin Claret, 2005.

PAIVA, D. F. *História da língua portuguesa:* II. Século XV e meados do século XVI. São Paulo: Ática, 1988.

PARA Segismundo Spina. São Paulo: Edusp, Iluminuras, 1995.

PÉCORA, A. *Teatro do sacramento:* A unidade teológico-retórico-político dos sermões de Antônio Vieira. São Paulo; Campinas: Edusp; Editora da Unicamp, 1994.

PÉCORA, A. *Máquina de gêneros*. São Paulo: Edusp, 2001.

PEREIRA, C. A. *Fontes do Caramuru de Santa Rita Durão*. 1971. Tese (Livre-docência em Literatura Portuguesa) – Faculdade de Filosofia Ciências e Letras da Universidade Estadual Paulista "Júlio de Mesquita Filho" Assis, 1971.

PICCHIO, L. S. *História da literatura brasileira*. Trad. Pérola de Carvalho e Alice Kyoko. Rio de Janeiro: Nova Aguilar, 1997.

PINTO, R. M. *História da língua portuguesa:* IV. Século XVIII. São Paulo: Ática, 1988.

PONTES, M. de L. B. *Frei António das Chagas:* um homem e um estilo do século XVII. Lisboa : Instituto de Alta Cultura, 1953.

RAMOS, P. E. S. *Poesia barroca:* antologia. São Paulo: Melhoramentos, 1967.

154 CARLOS EDUARDO MENDES DE MORAES (ORG.)

_____. Do barroco ao modernismo. Rio de Janeiro: Livros Técnicos e Científicos; São Paulo: Secretaria da Cultura do Estado de São Paulo, 1979.

SANTO ANTONIO, S. *Ensaio de retórica, conforme methodo e doutrina de Quintiliano, e outros autores celebres que trataram dessa matéria.* Lisboa, 1779. Disponível em: <books.google.com/books?id=RH7iFn6L s6IC&pg=PP5&dq=fr.+sebastiao+de+santo+antonio&hl=pt-BR>. Acesso em: 25 mar. 2007.

SARAIVA, A. J. *História da literatura portuguesa.* 12. ed. Porto: Publicações Europa-América, 1949.

SEFFNER, F. *Da reforma à contrarreforma:* o cristianismo em crise. 2. ed. São Paulo: Atual, 1993.

SERRÃO, J. V. *Historiografia portuguesa:* doutrina e crítica. Lisboa: Verbo, 1974. v.3.

SERRÃO, J. V. *Cronologia geral da história de Portugal.* 3.ed. Lisboa: Iniciativas Editoriais, 1977.

SILVA, M. B. N da (Org.). *Dicionário da história da colonização portuguesa no Brasil.* Lisboa: Verbo, 1994.

SILVA, V. M. P. A. *Maneirismo e Barroco na poesia lírica portuguesa.* Coimbra: Centro de Estudos Românicos, 1971.

SILVEIRA, F. M. *Literatura Barroca. Literatura Portuguesa.* São Paulo: Global, 1987.

SOUZA, L. M.; NOVAES, F. A. (Org.). *História da vida privada no Brasil:* cotidiano e vida privada na América Portuguesa. v. 1. São Paulo: Companhia das Letras, 1997.

SPALDING, T. O. *Dicionário de mitologia greco-latina.* Belo Horizonte: Itatiaia, 1965.

SPINA, S. *História da língua portuguesa:* III. Segunda metade do século XVI e século XVII. São Paulo: Ática, 1987.

SPINA, S. *Introdução à poética clássica.* São Paulo: Martins Fontes, 1995.

SPINA, S. *Manual de versificação românica medieval.* 1. ed. Rio de Janeiro: Ateliê Editorial, 2003.

TAVARES, H. U. C. *Teoria literária.* 4. ed. Belo Horizonte: Bernardo Álvares, 1954.

TAVARES, H. U. C. *Teoria literária.* 9. ed. Belo Horizonte: Itatiaia, 1989.

TESAURO, E. *Il cannochiale Aristotelico.* Berlin: s.n., 1958.

TRIMPI, W. Horace's Ut Pictura Poesis: the argument for stylistic decorum. *Traditio: Studies in ancient and medieval history, thought and religion,* New York, Fordham University Press, v.36, 1978.

EROTISMO E RELIGIOSIDADE **155**

TRINGALI, D. *Introdução à retórica:* a retórica como crítica literária. São Paulo: Duas Cidades, 1998.

VERISSIMO, J. *História da literatura brasileira:* de Bento Teixeira (1601) a Machado de Assis (1908). 3. ed. Rio de Janeiro: José Olímpio, 1954.

VIDOS, B. E. *Linguística románica.* Madrid: Gredos, 1963.

Sobre os autores

Carlos Eduardo Mendes de Moraes possui graduação em Letras (Francês), mestrado em Letras (Literatura Brasileira, Período Colonial), ambos pelo Instituto de Biociências, Letras e Ciências Exatas (Ibilce) da Universidade Estadual Paulista "Júlio de Mesquita Filho" (Unesp), *campus* de São José do Rio Preto. Possui doutorado em Letras (Literatura Brasileira, Período Colonial) pela Faculdade de Filosofia, Letras e Ciências Humanas (FFLCH) da Universidade de São Paulo (USP) e pós-doutorado em Literatura Luso-Brasileira, séculos XVII e XVIII, pela Universidade de Coimbra (Portugal). Atualmente é docente de Cultura Clássica (graduação) e Estudos Filológicos (pós-graduação) na Faculdade de Ciências e Letras (FCL) da Unesp, *campus* de Assis, e líder do grupo de pesquisa "A Escrita no Brasil Colonial e suas relações". Atua também como orientador dos projetos de Iniciação Científica da Fundação de Amparo à Pesquisa do Estado de São Paulo (Fapesp) na divulgação da obra de Antônio da Fonseca Soares (FCL /Unesp).

Heloíza Brambatti Granjeiro possui graduação em Letras (Português/Espanhol) e mestrado em Letras (Estudos Literários), ambos pela Faculdade de Ciências e Letras (FCL) da Universidade Estadual Paulista "Júlio de Mesquita Filho" (Unesp), *campus* de Assis.

158 CARLOS EDUARDO MENDES DE MORAES (ORG.)

Participou dos projetos de Iniciação Científica da Fundação de Amparo à Pesquisa do Estado de São Paulo (Fapesp) na divulgação da obra de Antônio da Fonseca Soares (FCL/Unesp).

Gelise Alfena possui graduação em Letras (Português/Inglês) e mestrado em Letras (Linguística e Filologia), ambos pela Faculdade de Ciências e Letras (FCL) da Universidade Estadual Paulista "Júlio de Mesquita Filho" (Unesp), *campus* de Assis. Atualmente é docente nos cursos de graduação em Letras e Fonoaudiologia da Universidade do Oeste Paulista (Unoeste), em Presidente Prudente.

André da Costa Lopes possui graduação em Letras (Português / Espanhol) e mestrado em Letras (Estudos Literários), ambos pela Faculdade de Ciências e Letras (FCL) da Universidade Estadual Paulista "Júlio de Mesquita Filho" (Unesp), *campus* de Assis. Participou dos projetos de Iniciação Científica da Fundação de Amparo à Pesquisa do Estado de São Paulo (Fapesp) na divulgação da obra de Antônio da Fonseca Soares (FCL/Unesp). Atualmente é professor na Sociedade Civil de Educação e Cultura Alfa e do ensino básico da rede municipal de Itanhaém.

Luís Fernando Campos D'Arcadia possui graduação em Letras (Português /Francê) e mestrado em Letras (Estudos Literários), ambos pela Faculdade de Ciências e Letras (FCL) da Universidade Estadual Paulista "Júlio de Mesquita Filho" (Unesp), *campus* de Assis. Participou dos projetos de Iniciação Científica da Fundação de Amparo à Pesquisa do Estado de São Paulo (Fapesp) na divulgação da obra de Antônio da Fonseca Soares (FCL/Unesp).

SOBRE O LIVRO

Formato: 14 x 21 cm
Mancha: 23,7 x 42,5 paicas
Tipologia: Horley Old Style 10,5/14
Papel: Off-set 75 g/m² (miolo)
Cartão Supremo 250 g/m² (capa)
1ª edição: 2013

EQUIPE DE REALIZAÇÃO

Coordenação Geral
Marcos Keith Takahashi

Impressão e Acabamento:

psi7

Printing Solutions & Internet 7 S.A